Joachim Weifels

Schlecht vernetzt im Internet?
Hilfestellung zur Datenhaltung und bei Rufmord im Internet

Internetwacht – Ratgeber

Impressum
Internetwacht Monitoring
Joachim Weifels
Bismarckstr. 64
47057 Duisburg

Herstellung und Verlag:
Books on Demand GmbH, Norderstedt
ISBN 978-3-8423-6523-0

Über den Autoren

Joachim Weifels, geboren 1968 in Duisburg, ist gelernter Industrie-
wie auch Personalfachkaufmann. Er ist, selbstverständlich zum
Stand der Buchveröffentlichung, seit mehr als zwanzig Jahren in
Personalabteilungen verschiedener Unternehmen tätig. Seit mehr als
zehn Jahren befasst er sich mit Suchmaschinen und deren
Ergebnislisten (SERP) wie auch entsprechendem Marketing, etwa
mit AdWords, und der Suchmaschinenoptimierung, dem
Bekanntmachen von Websites in den sogenannten natürlichen
Suchmaschinenergebnislisten.

Nebenberuflich betreibt Weifels seit Anfang des Jahres 2010 das
Unternehmen Internetwacht Monitoring, welches sich mit der
Eliminierung und Verdrängung von negativen
Suchmaschinenergebnissen im Internet wie auch positiver
Darstellung von Unternehmen und Personen im Internet befasst.

Vorwort

Dieser Internetwacht-Ratgeber möchte Ihnen schnelle und wirkungsvolle Hinweise zur Erstellung einer Strategie gegen Rufmord und Üble Nachrede im Internet geben.
Der Ratgeber soll auch Bewerbern dienen, ein wenig mit der offenen Datensammlung aufzuräumen, ehe Bewerbungen aufgrund von Internetveröffentlichungen abgelehnt werden. Für Angehörige aller Berufsgruppen sind Hinweise enthalten, hier wird beschrieben, welche Beiträge im Internet sich aus Sicht des Autors negativ oder positiv auf den Leumund auswirken können. Nicht zuletzt richtet der Ratgeber sich an Jedermann und Jedefrau, welche das Internet, gleich in welcher Absicht und mittels welcher Dienste, nutzen oder genutzt haben.
Sollten Fragen offen bleiben oder Hinweise nicht das richtige Ergebnis liefern, freut sich der Autor über eine Meldung, um das Buch in der nächsten Auflage zu verbessern. Natürlich freut sich der Autor auch, wenn der Ratgeber Ihnen gefallen hat, oder noch besser, Ihnen hat helfen können.

Freuen kann er sich aber nur, wenn er eine Rückmeldung von Ihnen erhält, zu welcher Sie sich ausdrücklich aufgefordert fühlen sollen.

Inhalt

Kapitel 4

Beruf und Internet
1. Wann sind Einträge beruflich zielführend?
2. Der Hausmann
3. Steuerberater/Rechtsanwalt/Notar
4. Personalreferent
5. Geschäftsführer
6. Polizist, Richter, Politesse
7. Angehöriger des Öffentlichen Dienstes
8. Gewerkschafter
9. Politiker
10. Sportler
11. Schauspieler
12. Beschäftigungssuchende
13. Rentner
14. Alle Beschäftigten

Kapitel 5

Negative Beiträge im Internet durch Dritte
1. Rufmord, Verleumdung und Üble Nachrede
2. Rufmordforen - Die Pranger im Internet
3. Veröffentlichung von Bildmaterial
4. Negative Presse im Internet
5. Negative Bewertungen durch Dritte
6. Datenschleudern zu Insolvenzverfahren

Kapitel 6

Eliminierung von Daten im Internet
1. Bestandsaufnahme
2. Ermittlung der Verantwortlichen – Denic und Whois-Abfragen
3. Grundsätze zur Kontaktaufnahme
4. Löschen von Ergebnissen aus Presseberichten

An alle, die es angeht - to whom it may concern

Das Internet ist heutzutage aus dem Alltag nicht mehr wegzudenken. Es ersetzt die Zeitung, es verhilft dazu, dass man seine Freunde bequem von zu Hause aus kontaktieren kann, und es hilft, den alten, roten Gartenschlauch noch gewinnbringend in bare Münze umzusetzen. Und das ist längst nicht alles. So kann man geschäftlich E-Mails versenden, endlich Kontakte zu Gleichgesinnten knüpfen, wenn man einem eher seltenen Hobby nachkommt, und auch mal seine Meinung zu bestimmten Produkten loswerden. Der Trend geht dahin, seine verschiedenen Aktivitäten auch noch zu vernetzen. Einmal einloggen, überall sofort angemeldet sein. Den Rest erledigen die Programme ohne Ihr Zutun.

Und alles ohne Schattenseiten? Nicht ganz. Das Internet hat sich zum Tummelplatz von echten und gefälschten persönlichen Daten entwickelt, die nur in Zusammenhang gebracht werden müssen, um das Gesamtbild einer Person zu erhalten. Sehr nützlich für an Daten Interessierte, etwa Bekannte und Verwandte, Werbetreibende, Ordnungsbehörden, künftige Arbeitgeber und Banken. Das Beste ist, die Daten werden freiwillig veröffentlicht und vernetzt.

Jedenfalls in dem meisten Fällen, und jeder macht mit. Erlauben Sie mir einen weitläufigen Vergleich. Im Mittelalter soll es ja sogenannte Pranger gegeben haben. Das waren Holzböcke, auf welche man Diebe, meist als politische Feinde getarnt (oder anders herum), hat spannen können, damit die Kinderschar der Stadt sie mit Apfel und Walnuss bewerfen konnte. Das kann das Internet heute durchaus auch übernehmen. So gibt es zuhauf Foren, in welchen die Hersteller von Produkten, vom Wohnwagen bis zur Einbauküche, beurteilt werden können. Auch Dienstleistungen können bewertet werden, und eines haben sie alle gemeinsam: Solche Bewertungen sind immer ohne Einflussnahme durch den, der bewertet wird.

Alle Macht dem Volke. Es reicht aus, ein Produkt oder einen Hersteller negativ darzustellen, und alle machen mit. Werfen virtuelle Apfel und Walnüsse. Und gefährden so Arbeitsplätze. Stellen Sie sich vor, Sie möchten einen Volvo kaufen. Sie googeln also vor sich hin, und endlich finden Sie Ihr Traummodell, ganz in der Nähe. Dann googeln Sie den Händler – verzeihen Sie mir das Wort googeln, es hat sich eingebürgert und steht auch im Duden, auch wenn es noch viele weitere Suchmaschinendienste gibt – und stellen fest, dass jemand nicht zufrieden war, weil die Batterie nach zwei Jahren den Dienst aufgegeben hat. Es soll sogar Komplikationen gegeben haben mit der Reklamation. Komplikationen! Reklamation! Das bleibt natürlich im Gedächtnis hängen. Stellen Sie sich doch einmal die Frage, ob Sie bei diesem Händler ein Auto kaufen würden. Stellen Sie sich auch die Frage, ob Sie jemals Fehler gemacht haben. Falls nicht, klappen Sie das Buch zu und senden es mir zurück. Über den Rückkaufpreis verhandeln wir extra, es sei denn, Sie bewerten das Buch im Internet negativ. Dann hole ich es lieber vorher persönlich bei Ihnen ab und bringe sogar Apfel und Walnuss mit. Ich will ja nicht, dass jeder Fehler, jeder blaue Montag Auswirkungen auf mein Geschäft hat. Sie auch nicht? Tja. Produkt- und Firmenbewertungen im Internet machen es möglich.

Auch ist das Internet, gelinde gesagt, zwischenzeitlich der größte Werbeträger überhaupt. Zwar befindet sich die Werbestrategie der meisten Firmen noch im Aufbau, denn wie sonst ließen sich die englischsprachigen E-Mails zu Viagra erklären, die man mitunter im Postkörbchen findet, aber die Werbung im Web scheint dennoch Wirkung zu erzielen. Sonst würde das ja irgendwann einmal aufhören. Mitunter beteiligen wir uns ja selbst daran, beworben zu werden.

„Wir freuen uns, die Geburt unserer Tochter Susanne G... bekannt zu geben. Gabi und Torsten G..., Köln.". So oder ähnlich verkünden Eltern stolz die Geburt Ihres Nachwuchses im Internet.

Tippen Sie doch spaßeshalber einmal die Worte „"wir freuen uns, die Geburt" in den Suchmaschinenschacht der Suchmaschine Ihrer Wahl ein. Übrigens: Die Anführungszeichen sind sehr nützlich bei der Personensuche. Sie grenzen die Suche exakt auf die jeweiligen Begriffe ein. Dazu finden Sie in Kapitel Eins mehr, falls Sie möchten. Das würde allerdings dem Spannungsbogen schaden, den ich hier zu diesem eigentlich ernsten Thema aufzubauen versuche, daher noch einmal zurück zu Susanne. Susanne G. heißt sie also. Das haben uns die Eltern schon einmal per Internet mitgeteilt. Auch, wo sie wohnt, ist in etwa bekannt. Das bedeutet: Wir haben einen Menschen ausgemacht, den wir mindestens zwanzig Jahre bewerben können. Dann könnte Susanne heiraten und den Namen ändern. Was da alles abzusetzen wäre: Windeln, Babynahrung, Schultornister, Barbiepuppe, Kosmetiksets undsoweiterundsofort. Falls Susanne ein Gerhard ist, dann halten die Informationen in der Regel noch länger. Denn Gerhard wird bei der Hochzeit vermutlich nicht seinen Namen ändern. Wenn alles gut läuft, sind auch noch Adresse und E-Mail der Eltern angegeben, dann kann der Werbefeldzug direkt starten. Ansonsten werden die Daten halt gespeichert, irgendwann wird die Susanne schon in einem Sozialen Netzwerk aktiv. Jetzt könnten Sie daher, zu Recht, fragen: "Warum werden diese Informationen denn im Internet veröffentlicht, muss man es den Werbetreibenden so einfach machen?" Eine sehr gute Frage, danke schön. Schließlich dürften die Verwandten und Freunde nicht auf die Suchmaschinenergebnisse angewiesen sein, um zu wissen, dass Susanne diese Welt betreten hat, um ein hoffentlich langes und schönes Leben auf Erden zu verbringen. Oder haben Sie schon einmal den Familienstatus Ihrer Freunde oder Verwandten „googeln" müssen?

Das Beispiel zeigt, dass ein sorgfältiger Umgang mit dem Internet geplant sein muss. Welche Daten will ich veröffentlichen, warum und für wen?

Gehen Sie davon aus, dass alle Daten, die Sie im Internet veröffentlichen, dort für die Ewigkeit stehen. Warum sollten sie auch gelöscht werden? Es werden ja täglich tausende Festplatten produziert, vermutlich viel mehr, als ausgetauscht werden müssen. Auch die Kapazität wird immer größer.

Ich habe einmal meine Festplatte aus dem Jahr 1999 mit etwa 8,4 Gigabyte Fassungsvermögen mit meiner aktuellen Sicherungsplatte derselben Firma (da bin ich treu), die 500 Gigabyte Speicherkapazität hat, zur Verdeutlichung der technischen Entwicklung verglichen.

Beide arbeiten noch. Die neuere Festplatte fasst aber zehn Jahre später die 50fache Datenmenge.

Da wundert es niemanden, dass sogar die Beschreibung der alten Festplatte noch im Web zu finden ist. Speicher ist ja schließlich genug da. Sehen Sie selbst und geben Sie bitte ST38421A in die Suchmaschine Ihrer Wahl ein. Das ist die Produktnummer meiner Festplatte aus dem Jahr 1999.

Ich befasse mich in diesem Buch mit der Ermittlung und der Steuerung der Suchmaschinenvita. Das ist, kurz gesagt, der strukturierte Lebenslauf von Personen, gleich, ob Kind, Jugendlicher, Erwachsener wie auch der Unternehmensdarstellung im Internet, aufzufinden mittels Suchmaschinen. Auf den folgenden Seiten möchte ich Ihnen helfen, Ihre Suchmaschinenvita zu entdecken, zu verändern und zum Positiven einzusetzen. Ich habe mich bemüht, verständlich zu schreiben, und davon Abstand genommen, zu tief ins Detail zu gehen an Stellen, an welchen es nicht erforderlich ist. Dem Thema Rufmord im Internet habe ich hier zentrale Bedeutung eingeräumt, denn derzeit gibt es kaum ein belastenderes Thema zum Datenschutz. Hier schließe ich negative Bewertungen für Firmen durch Kunden mit ein.

Alle Informationen in diesem Buch beruhen auf eigenen Erfahrungen, die ich an Sie weitergebe. Ich wünsche Ihnen viel Erfolg bei der Bewertung Ihrer Suchmaschinenvita und freue mich jederzeit über Ihre Anmerkungen.

Kapitel 1 Persönliche Daten im Internet

Datenschutz und Internet

Ja, was ist eigentlich Datenschutz? Ich möchte Ihnen am Anfang eigentlich keine trockene Materie zumuten, aber eigentlich kann ich nicht anders. Eigentlich. Eigentlich ist ja ein Füllwort, und es bedeutet, dass im Grunde genommen alles klar ist. Aber eigentlich nicht. Genauso ist das mit dem Datenschutz. Im Grunde genommen ist alles klar, aber eigentlich nicht. Das Grundgesetz der Bundesrepublik Deutschland, frisch erstellt 1949, zuletzt geändert im Jahre 2010, regelt die Grundlage zum Datenschutz. Sie finden, pathetisch formuliert, im Artikel 1 die folgende, noch durch den Weltkrieg beeinflusste Regelung:
Die Würde des Menschen ist unantastbar. Sie zu achten und zu schützen ist Verpflichtung aller staatlichen Gewalt.

Wie unschwer zu erkennen stammt das Grundgesetz aus der Zeit vor dem Internet, denn wie ließe sich sonst erklären, dass das Medium keine Erwähnung im Grundgesetz findet, die Post aber schon? Ja, das Postgeheimnis wird explizit erwähnt. Nun, die fehlende Aktualisierung des Grundgesetzes mag daran liegen, dass sich viele Dinge inzwischen mittels der Rechtsprechung konkretisieren. So wurde durch die Deutsche Gerichtsbarkeit das Recht auf informationelle Selbstbestimmung aus Artikel 1 abgeleitet, allerdings wurde noch ein weiteres Grundrecht herangezogen: Die freie Entfaltung der Persönlichkeit, zu finden in Artikel 2 Absatz 1 des Grundgesetzes. Man sieht übrigens an den niedrigen Paragraphen die hohe Bedeutung dieser Gesetzgebung. Ja, die informationelle Selbstbestimmung besagt, dass jeder Mensch grundsätzlich selbst über die Verwendung seiner Daten bestimmen möge. Das gilt hierzulande natürlich auch im Internet.

Daher werden innerhalb abgeschlossener Netzwerke, wie sie in Unternehmen existieren, inzwischen hohe Maßstäbe an den Schutz der Mitarbeiterdaten gelegt. Zumeist werden nicht einmal Mitarbeiterfotos im Intranet ungefragt hinterlegt. Unterstützend wirkt übrigens die Gesetzgebung der Bundesländer, welche sich mutig bereit erklärt haben, jeweils eigene Datenschutzgesetze zu erstellen. Die dann selbstverständlich nur im jeweiligen Land gelten.

Wer in einem großen Unternehmen tätig ist, der weiß, wie schwierig der Umgang mit personenbezogenen Daten für Vorgesetzte und Personalabteilungen geworden ist. Einerseits werden E-Mails zu diesem oder jenem Beschäftigten versendet, die vermutlich jahrelang gespeichert bleiben, andererseits haben die Mitarbeiter ein Recht auf den Schutz der persönlichen Daten, ja, sie können sogar jederzeit Auskunft zur Datenspeicherung erhalten. So werden immer ausgefeiltere Systeme innerhalb von Firmen entwickelt, welche den Schutz persönlicher Daten ermöglichen sollen.

Firmen und Institutionen halten sich – meist – an diese Grundsätze. Zwar gibt es hin und wieder Datenpannen, aber das lockt ja heute keinen Hund mehr hinter dem Ofenrohr hervor. Dann hagelt es für die Betroffenen halt demnächst Werbenachrichten, Anrufe oder Neuigkeiten zum allseits beliebten Viagra via E-Mail, aber das geht ja auch vorbei.
Jedoch: Viele Menschen nehmen die informationelle Selbstbestimmung anders vor, als eigentlich vom Gesetzgeber vorgesehen. Denn früher konnte man seine Daten ja nicht großartig publizieren. Mit früher meine ich übrigens die Zeit vor der Erfindung des Internets. Das Internet erst macht es möglich: Menschen veröffentlichen permanent Informationen über andere Menschen, manchmal nett gemeint, manchmal eher nicht. Manchmal gefragt, manchmal ungefragt. Und oft unbemerkt von den Betroffenen.

So fragen manche Erltern in medizinischen Foren, wie sich diese oder jene Erkrankung auswirkt, ja, sie zählen die Krankheiten der eigenen Kinder in der Signatur auf. Sie fragen in aller Öffentlichkeit nach, wie der Umgang mit Insolvenzen derzeit gehandhabt wird, und veröffentlichen dabei die selbe E-Mailadresse, welche sie zur Bewerbung verwenden.
Sie beschreiben aus eigener Sicht die Abwicklung des Ratenkaufs der neuen Küche. Sie beschreiben das ewige Theater mit der Schwiegermutter oder veröffentlichen die Menge in Kilogramm, die sie letzte Woche abgenommen haben. Oder zugenommen haben. Die informelle Selbstbestimmung hat ganz hier ganz eigentümliche Auswirkungen. Nicht staatliche Institutionen oder Firmen sind die eigentliche Gefahr. Wir Menschen veröffentlichen täglich einen Ozean an persönlichen Daten, der, für jeden lesbar, einfach nur gesammelt und verwertet werden muss. Warum muss der Arbeitgeber langwierige Gespräche zur Einsatzmöglichkeit gesundheitlich eingeschränkter Personen mit dem Betriebsarzt oder der Krankenkasse führen, wenn die Betroffenen ihre eigenen Erkrankungen weltweit präsentieren? Oder deren Eltern das bereits vor Jahren durch Beiträge in Gesundheitsforen in Angriff genommen haben?

Ja, dann schnell wieder alles löschen. Wir sind ja in Deutschland, da gibt es ja den Datenschutz.
Leider befinden wir uns aber auch im Internet. Daten, die veröffentlicht werden, unterliegen der Rechtsgrundlage der jeweiligen Staaten, innerhalb welcher der Server liegt. Eine praktische Darstellung soll helfen, die Problematik zu erklären: Heidi hat ein Foto, auf welchem sie ihren neuen Badeanzug trägt, in einem Onlineportal mit Speicherplatz für Bilder veröffentlicht, welches in Argentinien betrieben wird. Sie wollte diese Bilder dort eigentlich nur speichern, damit sie Speicherplatz spart. Irgendwie hat sie die falschen Einstellungen gewählt, denn das Bild wird auch in Suchmaschinen angezeigt, wenn jemand Heidis Namen eingibt.

Denn Heidi hat die Datei mit ihrem eigenen Namen versehen. Unglaublich viele Besucher klicken auf ihr Bild, und Heidi möchte es gerne löschen lassen, weil sie neulich von ihrem Vorgesetzten darauf angesprochen worden ist. Jemand hat wohl ihr Bild an das Schwarze Brett gehängt. Sie hat die Zugangsdaten zum Onlineportal aber leider nicht mehr, und der Betreiber des Fotoforums hat keine Kontaktmöglichkeit auf der Website hinterlegt. Ein sogenanntes Impressum, aus welchem die Kontaktdaten hervorgehen, muss man als Betreiber einer Internetseite in Argentinien nämlich nicht besitzen. An wen soll Heidi sich wenden?

Sie sind sicher selbst darauf gekommen. Ein ausführendes Regierungsorgan muss in dem Land, in welchem die Internetdaten veröffentlicht werden, auch bereit sein, sich mit diesem Thema zu befassen. Damit die Server auch mittels physischer Gewalt abgeschaltet werden, falls keine Löschung der persönlichen Daten oder der Bilder erfolgt. Was nun nutzt es, nach Deutschem Recht eine Datenveröffentlichung unterbinden zu dürfen, aber die Server, welche die Daten verbreiten, stehen, wie in Heidis Fall, in Argentinien? Heidi hätte sich von der Deutschen Aufmachung nicht täuschen lassen sollen. Sie dachte, Deutsche Sprache unterliege irgendwie Deutschem Recht, aber eigentlich hat es sie bei der Veröffentlichung gar nicht so richtig interessiert. Diese schwierige Rechtslage für Betroffene ist übrigens ein guter Grund für Betreiber großer Foren oder Webangebote, ihren Firmensitz eben nicht in Deutschland zu haben, um nicht nach Deutschem Recht belangt werden zu können.

Anonym im Internet – Der große Irrtum

Viele Daten im Internet werden also durch Betroffene selbst veröffentlicht, die sich hierbei nichts böses denken. Es sei denn, sie veröffentlichen Daten über andere, um diesen Schaden zuzufügen, aber das Thema kommt später. Also, die Veröffentlichung von Daten ist nicht böse. Sie ist nur mitunter recht naiv. Es werden einfach zwei sehr wichtige Sachverhalte vorausgesetzt.

Gedanke Nummer eins: Alle Menschen sind freundlich. Ja, man kann ihnen vertrauen, und wenn man im Internet etwas mitteilt, dann bleibt das „unter uns". Die anderen schreiben ja auch, was soll also falsch daran sein, persönliche Daten mitzuteilen? Wer sollte da einen Vorteil haben? Hier besiegt der Herdentrieb, oder wie man ihn nennen mag, den Verstand. Weil so viele etwas einfach so veröffentlichen, kann es ja nicht falsch sein, so zu handeln, oder? Und schon gehört man selber zu der Gruppe derjenigen, die Details aus dem Privatleben im Internet beschreiben.
Der „Veröffentlichungsvirus" hat zugeschlagen. Willkommen im Suchmaschinencontent.

Es ist ja auch wahnsinnig vorteilhaft, einfach bei bestimmten Problemen eine Frage zu stellen, und schon wird von Personen, die vermeintlich ähnliche Erfahrung haben, Hilfestellung angeboten. Je mehr Details, je besser die Hilfe; daher wird dann in Foren oft die ganze Situation ausgebreitet, einschließlich Details zur Ehe und der Beziehung zur Schwiegermutter. Auch Arbeitszeugnisse oder Diplome werden gerne einmal veröffentlicht. Da muss ja nicht mal der Name direkt erwähnt werden, mitunter reichen die Hinweise auch so, um für Dritte auf Sie schließen zu lassen. Denn noch etwas kommt dazu: Je mehr Ihnen in einem Forum oder Sozialen Netzwerk geholfen wird, umso eher sind Sie bereit, auch die nächste Frage dort zu stellen. Und die nächste Frage... Und jedes mal werden mehr Details aus dem Leben ausgebreitet. Und dann wundern Sie sich, warum Ihnen plötzlich Firmen, von denen Sie noch nie gehört haben, Angebote senden. Oder warum Ihr Sohn keine Arbeit findet.

Gedanke Nummer zwei: Es bleibt doch anonym, wer soll mich schon finden?

Es wächst derzeit eine Generation heran, für die das Internet quasi schon immer bestanden hat.

Diese jungen Menschen können mit dem Web so gut umgehen, wie Großmutter mit Nadel und Faden, falls sie nicht eine Singer-Nähmaschine besaß. Damit könnte sie sicher noch heute umgehen, rein intuitiv. Da auch das Web nichts vergisst, es sei denn, jemand bemüht sich aktiv um die Eliminierung gewisser Daten, werden viele Informationen dauerhaft zu finden sein. Besagte junge Menschen werden diese Spuren eines Tages auswerten, um Ihre Kreditfähigkeit zu prüfen oder Ihren Lebenslauf im Internet zu verfolgen. Weit hergeholt? Nun ja. Wer weiß denn schon noch, mittels welchem Mitgliedsnamen und welcher Zugangskennung die im Jahr 2003 erstellten Beiträge in Foren gelöscht werden könnten, und kümmert sich auch darum? Vermutlich sind die Zugangsdaten zum seinerzeit verwendeten Online-Dienst nicht mehr vorhanden, und so schlimm ist das ja gar nicht, was man damals geschrieben hat.

Ehrlich gesagt, es stört einen schon, aber so richtig schlimm ist es ja, wie erwähnt, nicht. Und auch der Leserbrief, geschrieben im Jahr 2004, veröffentlicht in der örtlichen Presse wie auch im Internet zum Zustand der Straßen... Ja, der war nicht gerade glücklich geschrieben, irgendwie war da viel Wut auf die Stadtpolitik dabei. An sich ist er auch immer noch zu finden, wenn man exakt den eigenen Namen eingibt. Ach, wer sucht einen denn schon im Internet. Es gibt ja auch so viele Lesermeinungen im Internet.
Tja. Die Generation Internet wächst heran und ist teilweise schon in der Berufsausbildung, und eines Tages werden Sie vermutlich gezielt durch diese späteren Profis gesucht. Wer sollte schon auf freiwillig veröffentlichte Daten verzichten, wenn der gesetzliche Datenschutz immer strenger wird?

Je mehr man preisgibt, umso eher ist die Eingrenzung auf gewisse Personen möglich. Sollte man, etwa in Elternforen, noch den Vornamen des Kindes angeben, wie auch den Wohnort, wenn nach dem Geburtsverlauf gefragt wird, dann wird es ganz haarig.

Später kommen die Kindererkrankungen hinzu, und schon liefert man dem späteren Arbeitgeber oder der Krankenkasse ein perfektes medizinisches Gutachten. Der Grundsatz ist: Je mehr Daten veröffentlicht werden, und je mehr Zeit vergeht, umso leichter sind Daten aus dem Internet bestimmten Personen zuzuordnen, da es vermutlich weitere Daten gibt, die sich ergänzen.

Wer nutzt die Daten?

Das erkläre ich Ihnen am besten am Beispiel von Stefan. Er stammt aus München-Bogenhausen, einer sehr feinen Gegend in München. Das Studium hat er erfolgreich und in kürzester Zeit beendet. Stefan hat das Diplom in der Tasche, dazu noch als eigentlich gefragter Dipl.-Ing. der Elektrotechnik. Doch es hagelt Absagen auf seine Bewerbungsbemühungen. Auch eine Mitarbeiterin der Zweigstelle der Bank, bei welcher er seit immerhin sechs Jahren sein Konto führen lässt, hat kürzlich angerufen und mitgeteilt, man wolle nun einen Termin mit ihm vereinbaren, damit sein Dispositionskredit zurück geführt wird. Dabei ist dieser nicht einmal ungewöhnlich hoch.

Was Stefan nicht ahnt: Er hat Spuren im Web hinterlassen, die zu diesen Aktivitäten der Bank führten.
In einem Sozialen Netzwerk, welches für berufliche Einträge sehr nützlich sein kann, hat er bei der Erstellung eines Profils seinen kompletten Namen und seine E-Mail-Adresse angegeben. Mittels seiner E-Mail hat er auf Facebook zudem für eine Facebook-Party Werbung gemacht, an der er auch teilgenommen hat. Zudem ist Stefan als eingefleischter Computerspieler zu erkennen, auch hier hat er diese E-Mailadresse mehrfach in seinen Forenbeiträgen genutzt, etwa, um Spieldaten austauschen zu können.

Stefan sieht den Zusammenhang zwischen den Publikationen nicht, schließlich ist er ja nur mit einem Avatarnamen, einem frei erfundenen, virtuellen Forennamen, innerhalb des Forums für seine

Computerspiele aktiv. Auch innerhalb von Facebook nutzt er ja nicht seinen richtigen Namen.

Eine Angestellte der Bank hat ihn jedoch mittels seiner E-Mail-Adresse verfolgt und seine Beteiligung an der Facebook-Party wie auch die Computerspielaktivität ermittelt. Stefan ist also ein durchgeknallter Computerspieler, der gerne eine Runde mit virtueller Pistole online auf andere Spieler schießt.

Waren es nicht immer Computerspieler, die Amokläufe verursacht haben? Jedenfalls ist die Presseberichterstattung zu Computerspielern eher negativ. Zudem nimmt er an solchen wahnsinnigen Aktionen wie Facebook-Partys teil. In der Presse sind solche Partys nämlich ebenfalls mit einem sehr negativen Einschlag belegt.

Angesichts der öffentlichen Debatten um die Gefahr durch amoklaufende Computerspieler wie auch wahnsinnige Facebook-Partys möchte die Bank den Kontakt eingrenzen und hofft, Stefan wechselt durch die Rückforderung des Dispositionskredits zu einem anderen Anbieter. Denn als Grund für eine außerordentliche Kündigung des Geschäftsverhältnisses reicht das publizierte Hobby zum heutigen Stand ja noch nicht aus. Aber einen schießwütigen Kunden? Das schreckt eher ab, auch wenn es nur virtuell ist.

Ebenso sehen das die auf die Zuordnung von Suchmaschinenergebnissen trainierten Mitarbeiter der Personalabteilungen größerer Firmen. Sie dürfen sogar mit einem Lob rechnen, wenn sie solche Zusammenhänge aufklären, denn schließlich ist das Aufspüren von Daten im Internet nicht einfach und auch nicht jedem gegeben. Den Suchmaschinenergebnissen wird nicht zuletzt deshalb auch eine große Bedeutung zugesprochen, weil diese ja schließlich „selbst" ermittelt sind. Sie sind die Beute einer erfolgreichen Jagd.

Wir halten also fest: Es ist kein Gerücht, dass Daten im Internet nicht nur gezielt gesucht, sondern auch in Beziehung zueinander gebracht werden. Im Beispiel die Veröffentlichung der Personalien in einem Sozialen Netzwerk, das oft zur geschäftlichen Promotion genutzt wird, und die mittels der E-Mail-Adresse zu findende Mitgliedschaft in einem Counterstrike-Clan oder die Teilnahme an einer Facebook-Party.

Es gibt aber auch andere Verwendungsmöglichkeiten. So ist die ungefragte Werbung mittels E-Mail weit verbreitet, gemeinhin als Spam klassifiziert. Wer jedoch bei Amazon oder Ebay aktiv ist, dessen Einkaufsgewohnheiten werden ebenfalls analysiert, und die E-Mails dieser Anbieter werden durch die Kunden durchaus positiv empfunden. Amazon erstellt durchaus nützliche Kaufvorschläge aufgrund bisheriger Käufe, und Ebay sendet Gutscheine, wenn der Kunde zu lange inaktiv war. Wenn also die Neigungen bekannt sind, etwa durch besagte Mitgliedschaft in einem Counterstrike-Clan, so dürften Werbebotschaften der Spielindustrie durchaus mehr Erfolg versprechen als die von Babywindeln. Es sei denn, man hat im Fanforum veröffentlicht, neulich Vater geworden zu sein. Auch keine Erfindung von mir, Ergebnisse können Sie einsehen mittels der Suchmaschinenbefehle: „bin vater geworden" forum cs.

Erinnern Sie sich? Anführungszeichen sind sehr nützlich, sie grenzen in Suchmaschinen genau das Gewünschte ein. In Kombination mit freien Begriffen kann man sehr genau suchen. Das klappt bei nahezu jedem Suchdienst, auch innerhalb von Websites, die eine Suchfunktion bieten.

Wer hat denn noch einen Nutzen der Daten, neben Personalabteilungen, Banken und Firmen, die Produkte verkaufen möchten?

Im Sommer 2010 führte ein Immobilienportal eine Umfrage durch, um zu ermitteln, wer schon einmal Daten zu seinen Nachbarn im Internet gesucht hat. Heraus kam, dass etwa 11% der Teilnehmer bereits einmal auf diese Weise vorgegangen sind. Auch, wenn ich diese Zahlen nicht bestätigen kann, und diese Umfrage vermutlich nicht repräsentativ ist, da sie ja nun einmal im Internet durchgeführt worden ist und hier niemand teilnehmen konnte, der über keinen Zugriff auf das Medium verfügt, ist doch zumindest zu ersehen, dass Recherchen im Internet zwischenzeitlich längst das geschäftliche Umfeld verlassen haben und nun auch zu privaten Zwecken genutzt werden.

Und sei es nur, um den Nachbarn besser einschätzen zu können. Die Zahl der Nutzungsmöglichkeiten ist sehr groß, und die der möglichen Nutzer ebenfalls. Sei es das berufliche Konkurrenzunternehmen, der Mitbewerber im internen Auswahlverfahren, der Vorgesetzte, die anderen Mitarbeiter im Unternehmen, die Presse, die Mitschüler, die eigenen Kinder, der Ehemann, die Ehefrau, der aufmüpfige Patient im Krankenhaus. Dann gibt es noch die Möglichkeit, anhand der vorgefundenen Adresse abgemahnt oder anderweitig rechtlich belangt zu werden. Wer etwa Musikstücke auf seiner Website anbietet, geht das Risiko ein, durch die Rechteinhaber aufgestöbert und zur Kasse gebeten zu werden. Die Aufzählung ist keinesfalls vollständig. Zeigen Sie daher ihre beste Seite im Internet. Wenn Sie sich überhaupt zeigen wollen.

Kapitel 2 Ermittlung und Bewertung

Die Suchmaschine als Partner

Welchen Rang sollten und dürften denn Suchmaschinenergebnisse zu meinem Namen haben, um Schaden anzurichten? Die Beantwortung der Frage ist gar nicht so einfach. Es kommt darauf an, ob man Sie im Internet mittels Ihres Namens einfach so oder nur mit mittlerem oder hohem Aufwand ausmachen kann. Wenn Sie etwa Peter Müller heißen, dann sollte der Aufwand recht hoch sein. Ich denke, ab der vierzigsten oder einundvierzigsten Seite verliert der Suchende spätestens die Geduld, die Treffer zu Ihnen von den Ergebnissen zu anderen Menschen gleichen Namens zu differenzieren, um Sie Ihnen zuzuordnen. Wenn Sie, wie ich, einen recht seltenen Namen haben, dann sollte das Aufspüren eher leicht fallen. Dann macht auch die Suche Spaß, und man dringt in die letzten Spähren der je getätigten Veröffentlichungen ein. Wer gerne im Internet tätig ist, der hinterlässt eben viele Spuren zu diesem oder jenem, bewertet Produkte wie Bücher, hat eventuell eine Website und mal einen Kommentar zu einem politischen Artikel geschrieben.

Das summiert sich. Aufgeklärt sein und das Internet zu nutzen, heißt heute, Dritte über sich aufzuklären. Was sich jedoch nicht finden lassen sollte, sind Einträge, die Rückschlüsse auf Ihre Person zulassen, die eventuell Dritte veranlassen könnten, Ihre Gesundheit, Ihre politische oder gewerkschaftliche Ansicht, Ihre Ansichten zur Religion (nicht Ihre Religion), Ihren sozialen Status oder Ihre sexuelle Orientierung in Frage zu stellen. Ebenfalls sollten Adresse, Familienstand und Angehörige nicht zu leicht zu ermitteln sein, und deren Daten schon gar nicht, jedenfalls nicht durch Ihre Veröffentlichungen.

Sogar Beamtenwitze können sich schlecht machen, wenn diese dauernd, durch Sie veröffentlicht, zu finden sind. Sie sehen, man muss ein Gespür dafür entwickeln, was veröffentlicht werden sollte und was nicht. Je mehr Ergebnisse also innerhalb der Suchmaschinenergebnisliste zweifelsfrei Ihnen zuzuordnen sind, desto eher besteht die Möglichkeit, eine Übersicht Ihrer Aktivitäten zu erstellen und zu verwerten. Handeln Sie als Peter Müller aber nicht bedenkenlos, gehen Sie auch hier davon aus, mit entsprechender Mühe des Suchenden gefunden zu werden.

Auf die Mühe, die sich Personen geben, nach Ihnen zu suchen, haben Sie leider keinen Einfluss. Allerdings steht Ihnen ja das selbe Instrument zur Verfügung, um Ihre eigenen Einträge in den riesigen Datenspeichern des Internets nachzuvollziehen. Datenspeicher, jetzt sind Sie bestimmt aufmerksam geworden. Niemand dachte vor einigen Jahren, etwa zur Jahrtausendwende, als das Internet von den meisten Menschen noch eher als Tummelplatz für spleenige Wissenschaftler wahrgenommen worden ist, daran, dass es sich bei der neuen Technologie nicht nur um ein Kommunikationsmittel handeln könnte, sondern auch um einen Datenspeicher. Denn das Internet stellt den größten Datenspeicher der Welt dar, und der Zugriff auf all diese Daten kann praktisch von jedem Ort erfolgen. Wie viele Orte es gibt, sehen Sie übrigens sehr gut in Google-Maps, dem Kartendienst des Suchmaschinenriesen.

Wer also Ende des letzten Jahrtausends das neue Medium Internet ausgiebig genutzt hat und dazu regelmäßig Gästebucheinträge, Foreneinträge oder anderes produziert hat, dürfte diese in vielen Fällen auch heute noch wiederfinden.

So haben mir Personen mitgeteilt, sie hätten jahrelang Bewertungen von Produkten geschrieben. Mittlerweile seien diese Bewertungen teilweise peinlich, da sich die eigene Einstellung zu diesen Sachverhalten verändert habe. Zudem seien die Suchergebnisse mitunter hinderlich bei der Suche nach einer neuen Stelle, weil sie die politische Gesinnung wie auch weitere Details aus dem Leben verraten würden. Wie heißt es so schön in englischsprachigen Arbeitszeugnissen: „to all whom it may concern". An alle, die es angeht. Diesen Personenkreis erweitern wir, aktiv oder passiv, durch Einträge im Internet stetig, ob Bedarf an diesen Informationen besteht oder nicht.

Diese Entwicklung konnte man nicht unbedingt voraussehen, als das Web Ende des letzten Jahrtausends florierte. Das mag man den Anrufern zugute halten, die Ende des letzten Jahrhunderts begeistert ihren echten Namen in Foren und Gästebüchern genutzt haben.

Ja, Sie haben richtig gelesen: Es wurde nicht einmal der alte Trick angewendet, das kleine L im Namen durch ein großes i zu ersetzen.

Apfel = Apfel

Sehen Sie den Unterschied? Nein? Die Suchmaschine sieht ihn. Mein Textverarbeitungsprogramm zeigt den zweiten Apfel übrigens als Fehlerhaft an. Ein L bzw. I tragen ziemlich viele Menschen im Namen, ich beispielsweise auch. Falls kein L vorhanden ist, dann kann man durchaus auch einen Schreibfehler im Namen einbauen, ohne dass man hierzu rechtliche Konsequenzen befürchten muss. Mir ist zumindest kein Fall bekannt.
Weiter im Text. Mit den Massen an Daten wurden auch die Möglichkeiten, diese mittels speziellen Programmen gezielt zu durchsuchen, immer ausgefeilter. Suchmaschinen bündeln die Daten dieser Programme und strukturieren die Milliarden Daten, die im Internet auf den Abruf warten. Ohne Suchmaschinen wäre es ziemlich aufwändig, bestimmte Ergebnisse zu erhalten, da man sich dann nur mittels der verlinkten Adressen durch das Web hangeln müsste, immer in der Hoffnung, die nächste Website beherberge endlich das gewünschte Ergebnis.
Die Suchmaschinen haben das Ziel, eine Auswahl der für den Nutzer geeignet scheinenden Internetangebote zu präsentieren, wenn ein Begriff in den Suchmaschinenschacht eingegeben wird.

Sie durchsuchen das Internet natürlich nicht in Echtzeit, dafür ist es viel zu groß. Die Betreiber verfügen vielmehr über eigene Datenspeicher, auf welchen Abbilder von Internetseiten, nach Stichworten sortiert, abgelegt werden. Diese Informationen erhalten Suchmaschinen mittels sogenannter Roboter-Programme, auch Spider oder Crawler genannt. Diese suchen in Abständen, welche von der Häufigkeit der Informationsveränderung auf der Website abhängen, das jeweilige Internetangebot auf und erneuern ihre Informationen. Suchmaschinen liefern eine Trefferliste, welche sich nach vielen Sachverhalten richtet.

Wenn jemand beispielsweise Fritz Walter sucht, dann ist es wahrscheinlicher, dass er Informationen zum Fußballspieler haben möchte, als dass er seinen Onkel zufälligerweise gleichen Namens finden möchte.

Das bedeutet jedoch nicht, dass man sich als Privatperson sicher sein kann, nicht auf die erste Seite einer solchen Liste zu gelangen. Denn mittels bestimmter Suchtechniken lassen sich die Suchergebnislisten sehr stark steuern bzw. verfeinern. Begriffsketten in Anführungszeichen etwa befehlen der Suchmaschine, nur Ergebnisse anzuzeigen, welche diese Begriffe exakt in der Reihenfolge im Ergebnis führen. Die Suche nach „Fritz Walter aus Berlin" dürfte daher ganz andere Ergebnisse erzielen als „Fußballer Fritz Walter".

Da die Suchmaschinenbetreiber in geschäftlicher Konkurrenz befindlich sind, werden die Angebote auch ständig weiter ausgebaut. So gibt es innerhalb der meisten Suchmaschinen eine reine Bildersuche (die Bilder werden hier mit den auf der Website gefundenen Texten in Verbindung gebracht), eine reine Nachrichtenseite, die nur News ermittelt, und eine reine Videosuche. Es ist aufgrund der Funktionsweise grundsätzlich nicht der richtige Weg, Suchmaschinen zu kontaktieren, um beispielsweise die eigene Adresse, hinterlassen in einem Gästebuch der Website des Urlaubshotels vor einigen Jahren, aus dem Internet zu entfernen. Denn wenn die Information nur auf der Festplatte des Suchmaschinenbetreibers gelöscht werden würde, aber nicht auf der Originalseite, dann würde die Information beim nächsten Suchlauf der kleinen und fleißigen Robotprogramme erneut gefunden und gespeichert. Und zwar so lange, bis der Originalinhalt endgültig gelöscht ist. Daher ist zu raten, die Suchmaschine nicht als Gegner zu betrachten, der persönliche Daten veröffentlicht. Viel mehr sollte sie grundsätzlich als Hilfsmittel angesehen werden, welches dazu dienlich ist, den eigentlichen Verbreitern dieser Informationen auf die Spur zu kommen.

Analyse von Daten im Internet

„Holla, die Waldfee!" So oder ähnlich reagiert man für gewöhnlich, wenn man seinen Namen in einen Suchmaschinenschacht (in Anführungszeichen, nicht vergessen) eingibt und tatsächlich fündig wird. Und genau das sehen die Firmen, bei welchen Sie sich bewerben wollen, die Bank, bei welcher Sie Ihr Konto führen, und die neugierige Nachbarin auch. Eventuell haben Sie einen Leserbrief an eine Zeitung geschrieben, der nicht nur im Printmedium veröffentlicht worden ist, sondern zugleich im WorldWideWeb? Sie können davon ausgehen, dass alle mittels elektronischer Medien durch Sie erstellten Beiträge, einschließlich versendeter E-Mails, veröffentlicht und Ihnen zugeordnet werden könnten. Zwar fällt es schwerer, wenn Sie Thomas Müller heißen und aus München kommen, als wenn Sie als Joachim Weifels in Duisburg leben, aber es gibt Beziehungen, die ermittelt werden können. Etwa durch die E-Mailadresse. Hier hilft die Erstellung eines Lebenslaufs im Internet, einer Suchmaschinenvita.

Als Suchmaschinenvita bezeichne ich also die personenbezogenen Daten, die man im Internet, freiwillig oder unfreiwillig, hinterlässt. Diese Suchmaschinenvita, also die Analyse der Ihnen zuzuordnenden Daten im Internet, ist aufgebaut wie ein normaler Lebenslauf. Einen solchen Lebenslauf im Internet können Sie sich ganz leicht selbst erstellen.

Um wirklich sicher zu sein, alle Daten erfasst zu haben, die über Sie bestehen, sollten nicht nur mindestens drei verschiedene Suchmaschinen konsultiert werden, Sie müssen sich hierzu auch in verschiedenen, gerade aktuellen Sozialen Netzwerken als Mitglied anmelden.
Das hat folgenden Grund: Andere Mitglieder könnten Beiträge über Sie schreiben und diese quasi vor den Suchmaschinen verstecken, so dass diese Beiträge nur innerhalb der Sozialen Netzwerk zu sehen sind.

Nofollow, nicht folgen, lautet der Befehl für die fleißigen Roboterprogramme der Suchmaschinen, die, wie bereits beschreiben, unablässig das Internet nach neuen Informationen absuchen. Das verstehen die Robotprogramme als Schranke, sie drehen ab und kümmern sich um besseres. Sie müssen also selbst in Sozialen Netzwerken nach dem Rechten sehen.

Erstellung einer Suchmaschinenvita

Wie baue ich meine Suchmaschinenvita auf? Ich zeige dies anhand eines Beispiels. Es wird nach allen Beiträgen gesucht, um diese zu einem Gesamtbild zusammen zu fassen. Bei der Analyse stehen persönliche Daten ebenso im Fokus der Ermittlung wie berufliche Daten. Die Darstellung wird der besseren Übersicht halber in Themenblöcken angezeigt, da, je nach Aktivitätsgrad im Internet, viele Suchergebnisse zu ermitteln sind. Schon kann es losgehen. Es sollten Beiträge in Wort und Bild innerhalb der Suchmaschinen analysiert werden, ebenso die Ergebnisse der wichtigsten sozialen Netzwerke hierzulande, die da wären Facebook, Twitter, Xing, Lokalisten und StudieVZ. Es empfiehlt sich ohnehin, falls man einen Eintrag in einem solchen Netzwerk hat, immer mal wieder nach dem Rechten zu sehen.

Bewerten Sie die Ergebnisse nach folgendem Schema:
- Eindeutig durch Dritte mir zuzuordnen.
- Sehr wahrscheinlich durch Dritte mir zuzuordnen.
- Möglicherweise durch Dritte mir zuzuordnen.

Versuchen Sie, bei der Bewertung zu vergessen, wer Sie sind. Kann man wirklich mittels der vorgefundene Inhalte auf Sie schließen? Bedenken Sie, dass der Nachname „Meier" eventuell sehr häufig vorkommt. Wie ist das mit Ihrem Nachnamen? Führen Sie eine „verlinkte" Suche durch.

Sollten Sie Hinweise zu Ihrer E-Mail-Adresse finden, dann gehen Sie der Spur weiter nach. Sollten Sie Hinweise zu Ihrem Ehepartner finden, dann suchen Sie nach weiteren Ergebnissen zu Ihrem Ehepartner. Surfen Sie Ihrer Suchmaschinenvita entlang.
Führen Sie eine Suche in der Form durch, dass Sie neuen Spuren nachgehen, wenn Sie welche vorfinden. Benennen Sie alle Quellen, die Sie gefunden haben, mittels eines Links.

Personensuche
Die Ergebnisse stammen vom
Hier sollte ein Datum eingetragen werden, um später seine Ergebnisse vergleichen zu können, falls Daten gelöscht werden sollen.

Block 1 Grunddaten/Personendaten

Name
Quelle/n

Tätigkeit
Quelle/n

Qualifikation
Quelle/n

Geburtstag
Quelle/n

Schulbildung
Quelle/n
Adresse
Quelle/n

Familienstand
Quelle/n

Weitere Familienmitglieder (ggf. eigene Vita jeweils erstellen)
Quelle/n

Block 2 Berufliche Daten

Karrierestufen
Quelle/n

Weitere berufliche Tätigkeiten
Quelle/n

Mitgliedschaften/Verbände/Organisationen
Quelle/n

Vorträge/Dozententätigkeit
Quelle/n

Presse
Quelle/n

Kontakt zu beruflichen Vereinigungen
Quelle/n

Kontakt zu politischen Vereinigungen
Quelle/n

Besondere Veranstaltungen
Quelle/n

Sonstiges:
Quelle/n

Block 3 Soziale Netzwerke

Facebook.com
Twitter.com
Xing.de
StudiVZ
LinkedIn
I-Google

Es besteht die Möglichkeit, die verschiedenen Accounts zu vernetzen. Sind die Sozialen Netzwerke untereinander vernetzt? Welcher Account ist der Hauptaccount?

Block 4 Bildersuche

Welche Bilder sind zu meinem Namen zu finden? Was kann damit in Zusammenhang gebracht werden? Sind mir diese Bilder tatsächlich mittels der Suche zu meinem Namen zuzuordnen?

Block 5 Produktbewertungen

Sind Produktbewertungen zu finden? Welche Rückschlüsse können gezogen werden?

Block 6 Sonstige Veröffentlichungen

Was ist noch zu finden? Habe ich nicht legale Musikstücke verbreitet, etwa in Videofilmen?

Zusammenfassung:

Notieren Sie hier, wie Ihr Suchmaschinenvita auf Sie wirkt. Findet sich zu viel Privates? Sind Daten vorhanden, die Sie als nicht finanzkräftig oder gar verschuldet darstellen?

Änderungswünsche:

Notieren Sie hier, welche Ergebnisse Sie gerne gelöscht hätten und warum.

So sollte Ihre selbst erstellte Suchmaschinenvita aussehen.

Bewertung der Suchmaschinenvita

Nun gilt es, die Einträge im Internet zu bewerten, zu sortieren und zu dosieren. Welche Einträge sollten nun beibehalten werden, und welche nicht? Was sollen diese beinhalten?
Ich füge einige Hinweise an, die eventuell geeignet sind, ein Verständnis für die Wirksamkeit entsprechender Veröffentlichungen im Internet zu erhalten. Leider kann diese Aufzählung nicht vollständig sein, Für den Zweifelsfall empfehle ich, dass Sie sich bei der Beurteilung von Suchmaschinenergebnissen, deren Auswirkungen Ihnen nicht ganz klar sind, helfen lassen, etwa durch Familienmitglieder. Diese zeigen sich ja meist erstaunlich skeptisch.

Ergebnisse zu Onlinespielen. Nicht nur, dass die meisten als Zeitfresser gelten. Haben Sie je davon gehört, dass Prominente Onlinespiele betreiben? Oder Unternehmer? Es ist schlicht so, dass die Ernsthaftigkeit darunter leidet, in einen Kontext zu Spielen gebracht zu werden. Es sei denn, es handelt sich um Schach, Motorsport, Tennis oder Golf. Computerspiele rangieren immer noch sehr weit unten in der Skala der Dinge, die als Hobby akzeptiert werden. Achten Sie darauf, in diesem Sektor nicht auffällig zu werden.

Ergebnisse zu sexuellen Vorlieben. Die meisten Menschen in Deutschland begreifen solche Aussagen als Teil der Intimsphäre, welcher nicht unkontrolliert der breiten Masse zugänglich sein sollte.

Würden Sie Ihren Chef oder Nachbarn ernst nehmen, wenn Sie wüssten, dass es im Web von Filmen wimmelt, welche seine erotische Darstellungskunst zwar eindrucksvoll, aber auch recht bildgewaltig in HD-Qualität feilbieten? Oder er sich in Foren zu diesem Thema austauscht, und hierbei noch spezielle Empfehlungen verabreicht? Hier gilt dasselbe wie bei den Ergebnissen zu Onlinespielen: Besser keine Ergebnisse zu diesem Themenbereich unter Ihrem Namen oder mittels Ihrer E-Mail Adresse veröffentlichen, Filme und Bilder eingeschlossen.

Ergebnisse zu gesundheitlichen Themen. Gesundheit ist eine Schwäche. Nein, ich muss korrigieren: Fehlende Gesundheit ist eine Schwäche, die zumindest die Bewerbung und den Kredit gefährden, falls offen im Internet ausgebreitet. Nicht einmal der Betriebsarzt darf die genauen Erkrankungen an den Arbeitgeber melden, um den Datenschutz nicht zu verletzen. Er darf lediglich mitteilen, ob eine Eignung für die künftige Aufgabe vorliegt oder nicht. Warum sollten Sie dann selbst Ihre Krankendaten veröffentlichen? Bedenken Sie: Selbst, wenn Sie nur Ratschläge geben, ohne auf die eigene Krankheit einzugehen, kann hieraus der Schluss gezogen werden, dass Sie sich zumindest mit der Thematik befasst haben. Das lässt Rückschlüsse darauf zu, dass Sie selbst betroffen sind. Auch, wenn das nicht stimmt: Das Risiko für Unternehmen ist da, eine Person einzustellen, die möglicherweise später hohe Ausfallkosten durch Lohnfortzahlung und Ersatzpersonal produziert.

Ergebnisse zu mysteriösen Themen. Mysteriöse Themen nenne ich, sagen wir einmal, Websites, auf welchen zu lesen ist, dass Elvis Presley in Wahrheit ermordet worden sei, und man auf dieser Seite Indizien sammele. Damit möchte ich das Anliegen nicht bewerten. Ich möchte nur darauf hinweisen, dass Dritte das sehr wohl machen. Ein solcher Fall ist mir bekannt, und es war außerordentlich schwierig, die Amerikanerin, welche diese Website betrieb, dazu zu bringen, den Eintrag einer Frau aus Deutschland zu löschen, die hierdurch Schwierigkeiten im beruflichen Umfeld erhalten hatte.

Auch wenn es faktisch ausgeschlossen ist, dass sie tatsächlich etwas mit Elvis Presley zu tun hatte, geschweige denn, seiner Ermordung, wirkt solch ein mysteriöser Eintrag abschreckend.

Das Gleiche gilt für Websites von Sekten, Websites zu sexuellen Abnormitäten, Websites zum Hacken, Websites, die eine Diffamierung, Diskreditierung oder Verleumdung Dritter zulassen und Websites, die ganz einfach „spinnert" sind.

Ergebnisse zu politischen Themen. Je nach Gesinnung der jeweiligen Suchenden ist die richtige oder falsche Gesinnung sehr wichtig für die Entscheidungsfindung, ob man mit der Person einen Kontakt haben möchte. Noch schwieriger wirken Informationen zu extremen Gesinnungen, die eher abschreckend wirken, auch wenn sie nicht im Kontext zur jeweiligen Situation stehen. Ein eindeutig als „rechts" oder „links" zu erkennender Bewerber wird vermutlich keine Anstellung im Öffentlichen Dienst erhalten.

Auch Leserbriefe zu Tageszeitungen, die veröffentlicht werden, können die eigene Gesinnung aufzeigen und sollten vorsichtig gehandhabt werden. Besser einmal drüber schlafen, ehe man mit seinem eigenen Namen solche Briefe veröffentlicht. Zwar können Ergebnisse zu politischen Themen ab einer gewissen Position in einem Unternehmen gar nicht vermieden werden bzw. sind sie vermutlich sogar förderlich, beispielsweise dann, wenn der Vorstand ein Gespräch mit dem Oberbürgermeister oder einem Mitglied des Landtags führt, welches in der örtlichen Presse wiedergegeben wird. Jedoch werden Unternehmen wahrscheinlich Bedenken haben, wenn die vakante Stelle des Postfahrers mit einem politisch bis in Mark aktiven Mitglied einer Fraktion besetzt werden soll, und zwar einfach aus dem Grund, dass naheliegt, die Person könnte innerhalb des Unternehmens den politischen Einfluss geltend machen.

Ergebnisse zu gewerkschaftlichen Themen. Auch, wenn Gewerkschaften erst den Durchbruch schafften, dass auch Arbeitnehmer am Wohlstand der Gesellschaft teilhaben konnten, sind solche Ergebnisse zumindest für die Suche nach einem neuen Arbeitgeber recht unvorteilhaft. Denn Gewerkschaftsarbeit wird oft gleichgesetzt mit Betriebs- oder Personalratstätigkeit. Und die damit verknüpfte Personengruppe wird aufgrund der mitunter den Arbeitgeber mahnenden Funktion wie auch der gesetzlich geregelten, bezahlten Arbeitszeit für diese Aufgabe eher gemieden. Allerdings können entsprechende Ergebnisse hilfreich sein, wenn es darum geht, innerhalb von Gewerkschaften oder in Personalrats- oder Betriebsratsgremien Karriere zu machen. Falls Sie solche Suchmaschinenergebnisse erzeugt haben, dann prüfen Sie doch, ob diese im Kontext zu Ihrer Tätigkeit oder der angestrebten Tätigkeit stehen.

Ergebnisse zu persönlichen Daten. Familienstand, Anschrift, Hobbys und negativen Ergebnissen der Vergangenheit, etwa eine durchlaufene Alkoholsucht oder Drogenabhängigkeit, erfolgreich überstanden oder nicht, sollten im Verborgenen bleiben, denn sehr leicht lässt sich Missbrauch betreiben, wenn man entsprechende Informationen zur Verfügung hat. Als es noch kein Internet gab, da war die größte Datenquelle das Telefonbuch. Ja, Sie lesen richtig: Mehr Informationen konnte man schlicht nicht erhalten, als dort angegeben waren. Es sei denn, man begab sich in Zeitungsarchive oder hat andere Leute ausgehorcht. Damals war das noch relativ harmlos, denn die Adresse wie auch die Telefonnummer ließen sich ohne weitere Datensätze schlecht zu einem Gesamtbild zusammenfügen.

Heute ist die Adresse im Telefonbuch nur noch ein netter Zusatz, um an Informationen zu gelangen. Zusammen mit Kartendiensten aus dem Internet lässt sich aber immerhin noch Ihr Haus ansehen, das ist zur Nutzung für gezielte Werbung wie geschaffen.

Lediglich bei interessanten Hobbys, etwa Sportarten oder wissenschaftlichen Interessen, beispielsweise Diskussionen in Geschichtsforen, halte ich derzeit Einträge für unschädlich. In anderen Fällen heißt es zur Veröffentlichung persönlicher Daten: Lieber nicht.

Ergebnisse zu religiösen Diskussionen. Es ist nicht gemeint, dass man nicht im Kontext zu seiner Religion Erwähnung finden darf. Das ist gar nicht zu vermeiden, wenn man sich beispielsweise in seiner Gemeinde aktiv am Geschehen beteiligt. Auch die Religionen vegetieren ja nicht hinter dem Mond und nutzen daher Webauftritt und E-Mail.
Vermeiden solle man unbedingt, Grundsatzdiskussionen zu diesem Thema im Internet zu führen. Denn extreme religiöse Ansichten, egal welchen Glaubens, werden gemeinhin als eher bedrohlich empfunden. Vermeiden Sie daher die Erwähnung Ihres Namens in solchen Diskussionen bzw. bitten hier um Löschung, falls schon geschehen.

Ergebnisse in anderen Sprachen. Hier ist natürlich zu entscheiden, ob eine amerikanische Hochschule die Daten des ehemaligen Absolventen veröffentlicht (das wird dort gerne mal gemacht), oder ob es um Einträge etwa in dänisch, türkisch, russisch oder arabisch geht. Falls Ihr Name auf Foren in diesen Sprachen genannt wird, dann sollte die Website seriös wirken und mit Ihrem Beruf zu tun haben. Sonst werden unter Umständen falsche Rückschlüsse gezogen. Einfach, weil die Sprache zumeist nicht verstanden wird.

Ergebnisse zu Indiskretionen. Wenn man Ihren Namen in eine Suchmaschine eingibt, und man findet einen Beitrag, in welchem sich eine Schmähkritik gegenüber Ihrem ehemaligen Arbeitgeber, eine Darstellung von Produktionsergebnissen, eine Veröffentlichung interner Firmenabläufe oder eine drastische Beschreibung Ihrer Schwiegermutter findet, stellt sich natürlich die Frage, ob Sie wissen, dass es so etwas wie Loyalität und Schweigepflicht gibt.

Illegale Ergebnisse: Vermeiden Sie, dass Ihr Name im Zusammenhang mit dem Downloadangebot nicht legaler Filme, Musikstücke oder sonstiger Medien veröffentlicht wird. Laden Sie nicht einfach Videos auf Ihre Website, etwa von Youtube, ehe Sie die rechtliche Lage erkundet haben. So kann der Eindruck entstehen, Sie machten sich diese Inhalte zu eigen, und schon droht eine Klage. Ganz leicht machen Sie es den Urhebern, wenn Sie dazu noch den Namen Ihrer Lieblingsband, den Namen des Musikstückes veröffentlichen. Auch Nachrichtensendungen, die etwa auf Youtube veröffentlicht werden, dürfen nicht so ohne weiteres veröffentlicht werden. Beachten Sie, dass Sie keine Rechte Dritter verletzen.

Was bleibt denn noch?

Als positive Einträge werden Namensnennungen im Kontext zum Tierschutz, zur Hilfestellung gegenüber Dritten in Notsituationen, zu fachlichen Spezifika, etwa für einen Ingenieur der Elektrotechnik im einschlägigen Forum oder der Veröffentlichung der Doktorarbeit der frisch gebackenen Ärztin betrachtet. Hier gilt: Dosierte Inhalte, die sachlich fundiert sind, wirken auf den Leser eindeutig besser als Einträge, in welchen die Ausrufezeichen in größerer Anzahl vorhanden sind denn Öltropfen im Golf von Florida.

Auch der Wahrheitsgehalt dieser Beiträge sollte deutlich zu ermitteln sein. Erstellen Sie nur Einträge in Foren, schreiben Sie nur Leserbriefe an Zeitungen, wenn Sie sicher sind, dass diese auch im Kontext zu Ihrem Namen gefunden werden sollen. Dann können solche Einträge sehr förderlich sein, sei es für den Beruf, für den Kredit oder für die Befriedigung der Neugier der Nachbarn. Treten Sie selbstbewusst im Internet auf, aber seien Sie sich dessen bewusst, dass Ihre Beiträge für immer zu finden sein werden. Dosieren Sie diese Beiträge, und schreiben Sie nicht emotional. Versuchen Sie, das Folgende zu berücksichtigen: Was Sie im lockeren Gespräch mit einer fremden Person nicht erzählen würden, das sollten Sie auch nicht im Internet veröffentlichen.

Kapitel 3 Datenverbreitung im Internet steuern

Ein „sauberer" Auftritt

Wichtig für die Suchergebnisse im Internet ist, dass der Name in einem gewissen Kontext gefunden wird. Als Kontext bezeichne ich, dass die Veröffentlichungen, falls selbst geschrieben, in ganzen und möglichst fehlerfreien Sätzen erfolgen. Ganz zu meiden ist die Handysprache, die man in SMS für gewöhnlich vorfindet.

aufgrund der mühe die das eintippen solcher nachrichten verursacht werden diese ohne komma und satzzeichen versendet oftmals auch noch mit unkorrigierten schreibfehlern und das sieht eigentlich nicht gut aus aber leider schreiben viele menschen so im internet ich kann es nicht ändern aber ich kann darauf hinweisen dass es nicht gut aussieht oder sehen sie das anders falls sie das hier nervt mir geht es ebenso aber ich möchte ihnen zeigen welchen eindruck diese schreibweise erzeugt falls sie solche oder ähnliche spuren im internet hinterlassen haben rate ich ihnen diese zu löschen denn das sieht wie gesagt nicht ordentlich aus und macht einen schlechten eindruck

Das Schreiben des obigen Satzes war gar nicht so einfach, das von mir genutzte Textverarbeitungsprogramm hatte andauernd, zugegebenermaßen auch berechtigte, Änderungsvorschläge. Nutzen Sie die diese Funktion, falls Sie nicht ganz sicher sind, wie ein Wort geschrieben wird. Auch hier kann übrigens die Suchmaschine helfen: Man kann ganz einfach das Wort, das man hinsichtlich der Rechtschreibung recherchieren möchte, in den Suchmaschinenschacht eingeben und das Wort „Schreibweise" einfügen. Schon wird man mit verschiedenen Ergebnissen konfrontiert.
Suchen Sie sich die aus, die Ihnen logisch erscheinen, meist werden die Vorschläge begründet.

Versuchen Sie auf jeden Fall, wenn Sie Produkte bewerten und dabei auch noch mittels Ihres Namens ausfindig gemachten werden möchten, fehlerfrei zu schreiben. Beachten Sie auf jeden Fall immer die Groß- und Kleinbuchstaben, und schlafen Sie eine Nacht, ehe Sie eine emotionale Nachricht in irgendeiner Form veröffentlichen. Am nächsten Tag sehen Sie manches möglicherweise anders.

Alkohol und Internet

Die ist der kürzeste Abschnitt des ganzen Buches. Hierzu muss ich Ihnen auch nicht viel erklären, denn es geht nicht um die Auswahl des besten Weins zum französischen Schneckengericht oder meine persönliche Meinung darüber, warum an bayerischen Autobahntankstellen ab Mitternacht keine Bierdose mehr verkauft werden darf.

Es geht um Aktivitäten, die man besser nur unter Vollbesitz seiner geistigen Kräfte durchführt. Der Vollbesitz der geistigen Kräfte setzt voraus, dass man nüchtern ist. Ist das nicht der Fall, wird man mutiger, und die Gefahr steigt, negative Einträge im Internet zu produzieren.

Auch E-Mails sollten nicht geschrieben werden, denn meistens würde man weder die Anzahl Fehler noch die Inhalte in dieser Form so schreiben, wenn man nüchtern gewesen wäre. Als Grundregel sollte gelten: Die durch Alkohol erzeugte Emotionalität in Verbindung mit der erhöhten Fehlertoleranzgrenze aufgrund der verminderten Aufmerksamkeitsfähigkeit wirkt sich immer negativ auf Veröffentlichungen per E-Mail oder innerhalb von Foren aus. Auch andere Stimmungsschwankungen, etwa hervorgerufen durch Schicksalsschläge, Medikamente oder Stress sollten nicht dazu führen, voreilig etwas zu unternehmen, was sich auf die Vita im Internet auswirken kann.

Ordr sehn Si dass andrers?

Die E-Mail im Internet

Nicht nur die in Foren oder Sozialen Netzwerken Ihnen zuzuordnenden Beiträge können eine negative Suchmaschinenvita erzeugen. Es gibt eine weitere, relativ unbekannte Komponente, auf die man so ohne weiteres gar nicht kommen würde, es sei denn, man hätte Böses im Sinn. Die harmlose E-Mail, die versendet wird, um eine Information weiterzugeben. Meist nicht verschlüsselt, oft farbenfroh und mit Werbung begleitet, soll sie, je nach Situation, Stimmungen, Informationen, Witze oder Arbeitsanweisungen weitergeben, die zudem dokumentiert sind. Die E-Mail ist ein Medium, welches in kurzer Zeit die ganze Kommunikationswelt verändert hat, und zwar noch stärker als das Handy. Denn sie kostet nichts und ist daher gewöhnlich das günstigste wie auch schnellste Mittel, eine Nachricht zu transportieren.

Wer sich nun des Gedankens hingibt, eine solche E-Mail würde von Dritten als zu schützendes Gut betrachtet, der irrt. Denn ein allgemeines Verbot, E-Mails zu veröffentlichen, gibt es in Deutschland nicht. Es wird also auf den Inhalt ankommen, der veröffentlicht wurde. Hierzu findet eine Interessenabwägung statt, die berücksichtigt, wie die E-Mail in den Besitz des Veröffentlichenden gelangt ist. Sie können sich vorstellen, wie eine pöbelnde, beleidigende E-Mail ankommt, die zudem keinen nennenswerten weiteren Inhalt hat. Wie geeignet, den Versender ordentlich zu diffamieren. Verzeihung, das macht er ja selbst. Die E-Mail muss quasi nur noch veröffentlicht werden, und der Ruf ist dahin. Gesetzlich wird derzeit noch die richtige Form zum Umgang mit der ungefragten Veröffentlichung von E-Mails gefunden. Es gibt Urteile, wie das des Landgerichts Köln vom 06.09.2006 – Az.: 28 O 178/06 - Veröffentlichung von E-Mails, deren Leitsätze ich hier zur Verdeutlichung veröffentlichen möchte:

1. Ob das ungefragte Veröffentlichen von E-Mails rechtmäßig ist, ist grundsätzlich im Rahmen einer umfassenden Interessensgüterabwägung zu bestimmen.

2. Wird eine geschäftliche E-Mail, die nur für einen bestimmten Empfängerkreis bestimmt ist, ungefragt veröffentlicht, stellt dies einen Eingriff in das Allgemeine Persönlichkeitsrecht des Mail-Versenders dar. Dies gilt umso mehr, wenn die veröffentlichende Person die besagte E-Mail auf unlautere Weise erlangt hat.

Es gilt, freundlich um Löschung der im Internet veröffentlichten E-Mail bitten, ehe weitere Schritte unternommen werden. Gerade in einem solchen Fall ist die Wahrscheinlichkeit leider richtig hoch, dass erneute Veröffentlichungen weiterer E-Mails erfolgen. Vor allem die Bitte um Löschung einer solchen Veröffentlichung ist ja quasi die „Anerkennung", dass die vorhergegangene Veröffentlichung negativ empfunden wurde, und ggf. das Ziel der Diffamierung erreicht worden ist.

Insgesamt würde ich hier zusammenfassend empfehlen, mittels einer Bildschirmfotografie, einem Screenshot, eine Aufnahme der veröffentlichten E-Mailnachricht zu erstellen und den Vorgang zu sichern, bevor eine Anfrage zur Löschung gestellt wird. Wie ein Screenshot erstellt wird, zeigt das letzte Kapitel dieses Buches. Ebenfalls die Form der Kontaktaufnahme wird dort näher beschrieben.
Ein weiterer Punkt ist die Nutzung mehrerer E-Mailadressen für verschiedene Zwecke. So ist es hilfreich, für Bewerbungen eine andere E-Mailadresse zu benutzen als die, welche man für Beiträge in Foren zur Ausrichtung der CSU oder zur Besprechung der neuesten Buchausgabe einer Darstellung des Zweiten Weltkriegs verwendet. Denn die E-Mailadresse kann natürlich genauso durch Suchmaschinen aufgefunden werden wie der eigene Name.

Jetzt muss ich als Spielverderber daherkommen. Genauer gesagt, als E-Mailspielverderber. Die berufliche E-Mailadresse sollte niemals für Zwecke, die nicht der Tätigkeit dienen, verwendet werden, wenn dies durch den Arbeitgeber nicht ausdrücklich erlaubt ist. Ihre E-Mailadresse kann samt der geschriebenen Zeilen durch Dritte jederzeit in Sozialen Netzwerken, Foren oder Bilderportalen veröffentlicht werden, einen Einfluss auf solche Veröffentlichungen haben Sie definitiv nicht. Nutzen Sie die beruflich anvertraute E-Mailadresse daher nicht zu privaten Preisanfragen oder Reklamationen bei anderen Unternehmen, zur Anmeldung in Foren oder auch nur, um Ihrer Freundin die neuesten Gerüchte aus der Kaffeeküche mitzuteilen. Dazu schon gar nicht. Mir sind nicht wenige Fälle der E-Mailversendung bekannt, in welchen sich Personen mittels Nachrichten, durch die Firmenadresse versendet, richtig in Schwierigkeiten gebracht haben. Das fängt beim Versenden von lustigen Texten, wie etwa Witzen im Powerpointformat, an, und endet bei der persönlichen Meinung zum Auftritt des Chefs im letzten Meeting. Alle diese Nachrichten haben nicht nur das Potential, auf Internet-Witz-Webseiten veröffentlicht zu werden, es kann auch passieren, dass diese firmenübergreifend hundertfach weitergeleitet werden.

Das gilt übrigens auch für diese E-Mails, welche beinhalten, dass die kleine Tina dringend einen Knochenmarkspender sucht. Solche E-Mails sind niemals seriös und dienen immer nur dazu, die Server der Firmen zu überlasten. Oder haben Sie jemals mit einem Arzt gesprochen, der Ihnen gesagt hat, wir können eventuell helfen, aber wir müssen erst einmal eine Spam-E-Mail versenden, um einen Spender zu finden? Überzeugt? Ich hoffe. Ja, wenn der Arbeitgeber nun im Fall der Fälle feststellt, dass Sie dauernd Ihre E-Mailadresse für private Verrichtungen nutzen, weil Sie in Sozialen Netzwerken, Tippgemeinschaften oder Produktbewertungsforen die E-Mailadresse der Firma verwenden, dann darf er derzeit eines nicht: Ihnen mittels E-Mail das Arbeitsverhältnis kündigen. Das ist formell nicht erlaubt.

Umgang mit Daten von Dritten

Genau so wenig, wie Sie vermutlich möchten, dass andere Personen ungefragt Ihren Namen in den Kontext zu Ihnen nicht bekannten oder nicht genehmen Themen nennen, sollten auch Sie das nicht bei anderen Personen durchführen. Vermeiden Sie, Ihre Familienangehörigen im Internet zu beschreiben, etwa Ihre Kinder, ehe diese alt genug sind, selbst zu bestimmen, ob diese im Web zu finden sein möchten und in welchem Bezug. Gerade Krankheiten werden in tausenden von Fällen im Web veröffentlicht und lassen Rückschlüsse auf die Kinder zu, da natürlich auch meist Name, Geburtsdatum und Wohnort bis hin zur Anschrift angegeben werden. Ebenso sollten Sie vermeiden, Daten zu anderen Familienangehörigen, etwa zu Großeltern, Geschwistern und dergleichen ungefragt zu veröffentlichen. Auch, oder gerade weil diese vermutlich nicht einmal einen Internetanschluss besitzen und das im Zweifelsfall gar nicht erfahren würden. Zudem fällt eine solche Veröffentlichung vermutlich auf Sie zurück, und schon ist ein handfester Familienstreit vorprogrammiert. Lassen Sie sich ebenfalls niemals dazu herab, mittels des Internets Rache zu nehmen und andere Personen dort zu diffamieren.

Rache ist ohnehin ein schlechter Ratgeber, und wenn es um die Motivsuche geht, ist man möglicherweise schnell bei Ihnen angelangt.

Achten Sie auch drauf, was Ihr Nachwuchs so treibt, wenn er sich unerkannt im Internet wähnt. Klären Sie darüber auf, welche Folgen negative Einträge in Suchmaschinen haben können. Warnen Sie Ihre Kinder davor, Freunde, Bekannte, Lehrer oder andere Personen aus deren Umfeld aktiv zu diffamieren.
Nicht nur, dass hier ggf. eine Ermittlung der Staatsanwaltschaft aufgrund Verleumdung oder Übler Nachrede die Folge sein kann, auch zivilrechtlich kann durchaus eine Klage auf Schadenersatz hinzukommen.

Die Nutzung von Bewertungsportalen, etwa, um Lehrern eins auszuwischen, sollte auch tunlichst vermieden werden. Nicht nur, dass die Lehrer eventuell Rückschlüsse auf die Beurteiler ziehen könnten, auch Dritte bemerken möglicherweise, dass jemand seine Lehrer vermeintlich anonym im Web bewertet hat. Schließlich bieten diese Portale die Möglichkeit, Bilder der Schüler einzustellen. Wer möchte einen solchen „Bewerter" schon als Auszubildenden einstellen?

Auch die Veröffentlichung von Fotos oder Videos auf entsprechenden Portalen sollte nicht ungeschützt und ungefragt erfolgen. Achten Sie auf die Rechte anderer, etwa das Recht am eigenen Bild. Nicht jedem ist es angenehm, im Internet veröffentlicht zu werden.
Und auch die von Ihren Angehörigen erstellten Ergebnisse im Internet können durch Dritte sehr schnell auf Sie zurückgeführt werden.

Soziale Netzwerke

Ja, so ist das heute. Die Wahlergebnisse wurden bereits „getwittert", auf Facebook war eine Datenpanne, alles neulich der Tagespresse zu entnehmen. Wer sich nicht mit dem Internet beschäftigt, hat kaum eine Vorstellung, um was es bei diesen Begriffen eigentlich geht. Wer sich damit beschäftigt, weiß es. Jedenfalls halbwegs. Oder so.

Falls das nicht reicht, ich kann Sie beruhigen: Ich habe das Gefühl, auch die Suchmaschinen wissen nicht genau, wie sie mit den Ergebnissen von Sozialen Netzwerken umgehen müssen. Wie soll auch durch ein Programm erkannt werden, was nun wichtig ist und was nicht? Schließlich kann jeder seine Neuigkeiten auf Twitter verbreiten, und es könnte ja eine revolutionäre Mitteilung dabei sein. Muss aber nicht.

Soziale Netzwerke sind im Grunde eigenständige Kontaktplattformen, welche die Technologie des Internet nutzen und auch daran angeschlossen sind. Sie ermöglichen den Login mittels des Browsers, die Registrierung erfolgt per E-Mail oder, eher seltener, nur auf Einladung bestehender Mitglieder. Beliebte Soziale Netzwerke in Deutschland sind beispielsweise Stayfriends.de, welches die Kontaktaufnahme zu alten Klassenkameraden zum Inhalt hat. Jüngere Menschen halten sich dagegen gerne im SchülerVZ und Studenten im StudieVZ auf.

Beide Netzwerke verbinden Personen gleicher Lebenssituation und sind daher temporär recht wichtig in der jeweiligen Lebensphase. Personen, die Wert auf die berufliche Ausrichtung legen, sind eher bei Xing.com zu finden, wenn die Zeiten bei den Schüler- und Studie-Vz durchlaufen sind. Erwähnenswert wären noch Lokalisten.de, eine Plattform zur Veröffentlichung von Bild- und Kontaktmaterial innerhalb von Ballungszentren, wie auch der US-Riese Facebook, einer Plattform für Firmen und Privatpersonen, der immer größeren Einfluss nimmt. Dessen Geschichte, vielmehr die Geschichte der Gründer, war im Jahr 2010 sogar in den Kinos zu sehen. Du kannst Dir keine 500 Millionen Freunde ohne Dir ein paar Feinde zu machen, so oder so ähnlich war der Untertext zum Titel. Gar nicht so schlecht gewählt, wie ich finde. Aber dazu mehr im Kapitel Rufmord im Internet. Soziale Netzwerke bieten die Möglichkeit, miteinander zu kommunizieren, Bilder zu veröffentlichen, und oftmals findet sich auch die Möglichkeit, sich mittels Foren auszutauschen. Auch kann man meist einige Zeilen über sich im sogenannten Profil veröffentlichen. Sie bieten zumeist eine erweiterte Funktionalität für zahlende Mitglieder, die Grundfunktionen stehen meist nach dem Login kostenlos bereit. Zwischenzeitlich geht der Trend zudem dahin, die verschiedenen Accounts zu vernetzen. Was man somit in einem Netzwerk veröffentlicht, wird im nächsten direkt mit angezeigt.

Wenn man aktiv oder inaktiv in solchen Sozialen Netzwerken betätigt, sollte man einige Dinge beachten. Das fängt mit dem Benutzernamen an. Wählen Sie besser keinen Namen, der Rückschlüsse auf Sie zulässt, und vermeiden Sie, Ihren Arbeitsplatz bzw. Ihren Arbeitgeber im Profil zu erwähnen. Eine Ausnahme mag für das Business-Netzwerk Xing gelten, hier werden berufliche Aktivitäten veröffentlicht. Eventuell meldet sich ja ein Headhunter, wenn das Profil dort ausgefeilt genug ist, um Sie für ein anderes Unternehmen zu gewinnen. Wenn Sie ein solches Netzwerk nutzen, vermeiden Sie auf jeden Fall, in Ihrem Profil die Unwahrheit zu schreiben. Gehen Sie davon aus, dass andere Beschäftigte Ihrer Firma Ihr Profil lesen und schnell erkennen, ob Sie als Sachbearbeiter einfach mal eben Abteilungsleiter ins Profil geschrieben haben. Das macht sich dann nicht nur schlecht für den Suchmaschinenvita, es sorgt vermutlich auch für Erheiterung im beruflichen Umfeld.

Halten Sie ansonsten Ihren Arbeitgeber also besser aus Ihrem Sozialen Netzwerk heraus, wenn Sie beispielsweise mittels Ihres Profils neue Bekanntschaften suchen oder dort Werbung für das nächste feucht-fröhliche Gartenfest Ihres Vereins machen möchten.

Die meisten Netzwerke bieten Einstellungsmöglichkeiten, um mittels Suchmaschinen nicht gefunden zu werden. Dieser "Nofollow"-Befehl sollte aktiviert werden, meist findet er sich in der Nähe der Einstelllungen des Profils. Es empfiehlt sich ohnehin, sich mit den Gegebenheiten vertraut zu machen, um alle Einstellungen kennen zu lernen. So können Sie Ihr Profil auch nur für Ihre Freunde oder Bekannten freigeben, und die lassen sich ja im Zweifelsfall selbst aussuchen. Ebenso wichtig ist der richtige Umgang mit dem Passwort. Oftmals ist nur dieses zu ermitteln, um mit Ihrem Namen den größten Unfug innerhalb des Sozialen Netzwerks zu schaffen. So kann Ihre Freundes- oder Kontaktliste belästigt werden, und Sie werden die größte Mühe haben, das hinterher gerade zu biegen.

Denn das waren sie ja gar nicht selbst. Ein relativ sicheres Passwort, dass auch immer zur Hand ist, kann man durch die Verknüpfung von Anfangsbuchstaben und Geburtstagen von Verwandten, Haustieren oder dergleichen erreiche. Wenn die Tante beispielsweise Ingeborg Mayer heißt, und der Bruder Karsten Schmitz, dann ergäbe sich hier IM57KS76.

In diesem Fall wäre Ingeborg 1957 und Karsten 1976 geboren. Auch andere Kombinationen sind denkbar. Wichtig ist, dass man sein Kennwort nicht verrät. Auch unter unsicheren Bedingungen, etwa bei Fremden oder nur geringfügig Bekannten, sollte man vermeiden, seine Kennung zu verwenden. Schon gar nicht auf fremden Computern, welche möglicherweise Tastenfolgen aufzeichnen können. Dazu reicht ein Programm aus, das im Hintergrund läuft und vom ahnungslosen Nutzer des Computers nicht bemerkt wird. Sollte es doch vorgekommen sein, dass das eigene Kennwort Dritten bekannt gemacht worden ist, sollten Sie auf jeden Fall sofort die Kennung ändern. Prüfen Sie, ob in Ihrem Namen Kontakt mit anderen Mitgliedern aufgenommen worden ist, und ob das tatsächlich Sie waren. Sollte Schaden verursacht worden sein, schreiben Sie eine Entschuldigung an die Betroffenen und erklärten Sie offen, was vorgefallen ist.

Bedenken Sie, dass es niemals ganz auszuschließen ist, dass Ihre E-Mailadresse bekannt wird. Verwenden Sie daher nicht die E-Mailadresse Ihres Unternehmens als Kontaktadresse in Sozialen Netzwerken, um Konsequenzen bis hin zu arbeitsrechtlichen Sanktionen zu vermeiden.

Ein besonderer Fall ist der Facebook-Account von Jugendlichen und Schülern, die das Netzwerk nutzen, um sich auszutauschen und zu verabreden. Hier kann es schnell geschehen, dass einzelne dort diffamiert werden. Solche Personen gibt es immer schon, früher nannte man sie Klassenclown. Sie ziehen meist den Spott der anderen auf sich.

Jetzt klappt das Ganze auch noch online. Empfehlenswert ist, falls man als Betroffener von Rufmord in Facebook selbst einen Account hat, sich nicht reizen zu lassen und Meldungen der anderen, welche direkte Beleidigungen enthalten, über den Melden-Button innerhalb von Facebook an die Administration weiter zu leiten. Der Antrag sollte stichhaltig begründet werden.

Da die Möglichkeit besteht, einzelne Accounts auszusperren, so dass betroffene Nutzer Daten über sich selbst möglicherweise nicht lesen können, sollte man auf jeden Fall einen zusätzlichen, geheimen Account einrichten und gelegentlich Beiträge zum eigenen Namen suchen. Was dann zu finden ist, findet jeder Nutzer von Facebook.

Wichtig ist, dass man sich keinesfalls darauf einlässt, in einen offenen Streit im Internet zu verfallen. Das wird dann mitgelesen, kopiert, auf Datenspeichern mit zur Schule genommen oder per Handy verteilt. Nutzen Sie als Betroffener alle legalen Möglichkeiten, die Facebook bietet. Wenn Sie in der Schule angesprochen werden, ob Sie an der Löschung der Daten über sich beteiligt waren bzw. diese Löschung verursacht haben, dann stellen Sie sich dumm. Sagen Sie einfach, Sie seien nicht so bewandert mit Facebook.

Falls Sie auf eine Facebook-Party eingeladen sind oder versehentlich oder beabsichtigt, eine solche bei sich zu Hause veranstalten, sollten Sie damit rechnen, möglicherweise tausende von Besuchern zu erhalten. So geschehen bereits bei einigen Geburtstagsfeiern, deren Daten versehentlich veröffentlicht worden sind. Im Juni 2011 kamen etwa 1.600 Besucher zur Geburtstagsfeier einer sechzehnjährigen Schülerin aus Hamburg, die eigentlich nur ihre Freunde mittels Facebook einladen wollte. Die Einladung wurde dann versehentlich veröffentlicht. Die Feier musste schließlich abgesagt werden, die Lage war nicht zu kontrollieren. Schon gar nicht für die betroffene Familie, die vermutlich nur mit dem Besuch einiger Teenager gerechnet hatte.

Aber auch geplante Partys, wie etwa in Wuppertal am 17.06.2011, können durchaus gefährlich sein.

Hier fand letztlich eine gewaltsame Auseinandersetzung zwischen den etwa 1.500 Besuchern und der Polizei statt, es kam zu 41 Festnahmen. Die nächste Party ist natürlich schon geplant. Bedenken Sie, dass aufgrund der Teilnahme an solchen Feierlichkeiten nicht nur Datenspuren entstehen können (fragen Sie mal die Schülerin aus Hamburg), sondern hier auch tatsächlich eine reale Gefahr für die Gesundheit besteht. So kann durch Panik oder Handgreiflichkeiten, auch mit der Polizei, eine solche Party schnell eskalieren.

Achten Sie auch auf die neuen, kleinen Buttons, welche Ihnen die Möglichkeit bieten, Websites zu bewerten. Facebook, Google und andere greifen bei der Auswertung der „Gefällt mir"-Buttons auf Ihre Daten zu, die auf der Festplatte gespeichert sind, falls Sie einen Account haben, und identifizieren Sie. Ihre Stimme wird Ihrem Account zugeordnet. Oftmals steht dann sogar Ihr Name in der Veröffentlichung.

Telefonbucheinträge

Oft vom Benutzer nicht bemerkt, unterschreibt er meist bei der Veröffentlichung seiner Daten in Telefonbüchern, dass zugleich eine mediale Auswertung erfolgen darf. Das bedeutet konkret, dass die Daten nicht nur auf Onlineportalen angeboten werden, sie werden auch zwischen den verschiedenen Telefonanbietern ausgetauscht, denn jeder Anbieter möchte eine möglichst vollständige Adressliste besitzen. Wundern Sie sich daher nicht, wenn Sie eigentlich nur im Telefonbuch stehen möchten, aber nicht im Internet, hier aber kein Unterschied gemacht wird. Die entsprechenden Grundlagen entstammen dem Telekommunikationsgesetz.

Hier heißt es im § 47:
§ 47 Bereitstellen von Teilnehmerdaten
(1) Jedes Unternehmen, das Telekommunikationsdienste für die Öffentlichkeit erbringt und Rufnummern an Endnutzer vergibt, ist verpflichtet, unter Beachtung der anzuwendenden datenschutzrechtlichen Regelungen, jedem Unternehmen auf Antrag Teilnehmerdaten nach Absatz 2 Satz 4 zum Zwecke der Bereitstellung von öffentlich zugänglichen Auskunftsdiensten und Teilnehmerverzeichnissen zur Verfügung zu stellen. Die Überlassung der Daten hat unverzüglich und in nichtdiskriminierender Weise zu erfolgen.

Ein Entscheidungsrecht hat man insofern, als dass man bei Vertragsabschluss als Kunde die Auswahlmöglichkeit hat, ob Daten für die Auskunft und zur Veröffentlichung in gedruckten Medien wie dem Telefonbuch und digitalen Medien freizugeben sind oder nicht. Dementsprechend werden die Daten dann über den verschiedenen Auskunftsdienstleistern zur Verfügung gestellt. Sie können hier also bestimmen, ob Ihre gesamte Anschrift samt Telefonnummer oder nur die Telefonnummer oder gar nichts zu finden ist. Schädlich sind solche Einträge nur dann, wenn sie verwahrlost sind, oder Sie nicht möchten, dass Ihre Anschrift ermittelt werden kann. Denn durch diese sind natürlich eine Menge weiterer Rückschlüsse in Kombination mit anderen Beiträgen im Internet auf Sie möglich. So ist eine Adressangabe die sicherste Möglichkeit, jemanden zu identifizieren.

Partnerbörsen

Die Mitgliedschaft in einer Partnerbörse kann Segen und Fluch zugleich sein. Segen, weil endlich die Möglichkeit besteht, Kontakt zu anderen Menschen aufzunehmen, die ebenfalls auf Partnersuche sind, ohne bei den ersten Sätzen rot werden zu müssen. Denn die Kontaktaufnahme gestaltet sich dezent, oftmals beginnt es mit einem unverbindlichen, virtuellen Winken, Zwinkern oder Gruscheln.

Ja, Gruscheln, ein neuer Wortbegriff aus den Sozialen Netzwerken, der in etwa „anstubsen" bedeutet. Falls Sie sich entschließen, eine solche Börse zu benutzen, sollten Sie sich mit den Begriffen auseinander setzen, die dort verwendet werden. Ernsthaft einen Partner zu finden kann durchaus gelingen, allerdings sollten auch hier einige Regeln eingehalten werden. Verwenden Sie hier keinesfalls Ihren richtigen Namen, damit Sie nicht Gefahr laufen, durch Bekannte oder Kollegen erkannt zu werden.

Verhalten Sie sich professionell, und stellen Sie Ihren Partnerwunsch nur in der hierzu verwendeten Plattform online, keinesfalls auf weiteren, ungeschützten Portalen oder in Foren. Suchen Sie sich eine Partnervermittlung, welche ermöglicht, dass Sie Suchmaschinen von den Ergebnissen fernhalten können. Erstellen Sie Ihre Anzeige dann möglichst so, dass, wenn diese doch gefunden wird, inhaltlich keine Schamröte in Ihr Gesicht treiben muss. Stellen Sie sich zusätzlich die Begeisterung vor, falls Ihr Kollege im Büro ein Bild von Ihnen entdeckt, weil er in der gleichen Partnervermittlung aktiv ist, und Sie im knappen Bikini oder in Shorts, die kaum die Männlichkeit bedecken, vorfindet. Seien Sie gewiss, der Kollege erfindet einen Grund, warum er selbst zufällig in der Partnerbörse aktiv war, und das Bild – Ihr Bild - wandert durch die Büroetagen. Die nächste Beförderung wird an Ihnen vorübergehen, aber bei der Weihnachtsfeier werden Sie vermutlich umschwärmt. Wenn Sie also Partnerbörsen nutzen, dann halten Sie sich zurück mit persönlichen Informationen wie auch Bildmaterial. Gehen Sie davon aus, dass Sie gegebenenfalls mittels Ihres Bildes identifiziert werden können. Nutzen Sie auf jeden Fall eine E-Mailadresse, die nicht der gewohnten entspricht, die Sie beruflich und/oder privat nutzen. Stellen Sie in den Einstellungen sicher, dass Ihr Wunsch nach Zuneigung nicht von Suchmaschinen erfasst wird, sperren Sie die neugierigen Roboter mittels des Befehls „Nowfollow" aus Ihrem persönlichsten Bereich aus.

Der Chatroom

Seine erste Hochphase hatte der Chatroom zu Beginn des 21. Jahrhunderts. Die meisten Anbieter von Internetzugängen, etwa AOL und T-Online, boten seinerzeit die Möglichkeit, sich im Chat mit anderen ohne Zeitverlust zu unterhalten. Wer erinnert sich nicht an die AOL-CD´s die seinerzeit nahezu überall als Werbemittel präsent waren? Auch der IRC, der Internet Relay Chat, gehört dazu und ist sogar noch älter. Man kann zumeist einstellen, ob man die Chats mitloggt, also aufzeichnet, und mitunter werden diese sogenannten Chatlogs danach durch aufgebrachte Benutzer auf irgendwelchen Internetseiten veröffentlicht, um diesen oder jenen Sachverhalt zu beweisen oder diese oder jene Person bloßzustellen. Wie Menschen so sind. Falls Sie an meinen Äußerungen Zweifel erheben, so suchen Sie doch einmal die Begriffskette „Chatlog" in einer Suchmaschine Ihrer Wahl, und, falls Neugierde zu Ihren Neigungen gehört, werden wir uns vermutlich erst morgen oder übermorgen wiedersehen. Denn bis dahin bleibt das Buch zugeklappt, weil Sie besseres zu tun haben: Sie lesen die Chatlogs von Personen, die keinen Schimmer einer Ahnung haben, dass Sie gerade nachvollziehen, was diese einmal geschrieben haben. Oder auch nicht geschrieben haben, denn zudem besteht die Gefahr, dass die Logs gefälscht sind, um die virtuelle Unterhaltung noch dramatischer darzustellen.

Im ersten Kapitel habe ich beiläufig erwähnt, dass die Veröffentlichung von E-Mails grundsätzlich nicht verboten ist, die Rechtsprechung tut sich in diesem Zusammenhang schwer. Ob die Deutsche Gerichtsbarkeit beim Chatlog eher schwerfälliger oder eher aktiver ist, überlasse ich Ihrer Vorstellung. Ich will Sie hier keinesfalls verunsichern, falls Sie gerne chatten, dann tun Sie das ruhig. Beachten Sie nur, dass Sie vermeiden sollten, als Person erkannt zu werden. Nutzen Sie Namen, die fernab Ihres richtigen Namens sind, vermeiden Sie die Namen Ihres Haustieres, Ihren Spitznamen aus der Studienzeit oder eine verfälschte Benennung

Ihres Nachnamens, und beantworten Sie niemals Fragen zu Ihrer Identität im Chat. Loggen Sie selbst die Chats immer mit, und speichern Sie die Logs ab. Suchen Sie sich seriöse Anbieter aus, die für die Chats Regeln vorschreiben, etwa einen Mindestton im Umgang miteinander (Netiquette), und die möglichst den Firmensitz in Deutschland haben.

Nutzung von Foto-und Videodiensten

Die Veröffentlichung von Bildmaterial im Internet ist nicht immer dazu bestimmt, anderen das Bildmaterial zu präsentieren. Manchmal soll eigentlich nur die sogenannte Cloud, die Speicherwolke, genutzt werden, die das Internet bietet.
So werden Bilder gerne mittels der beim Erwerb von Fotogerät beigefügten Testsoftware auf Online-Portalen geladen, um Speicherplatz zu sparen. Oder es soll ausschließlich Freunden oder Arbeitskollegen die Möglichkeit geboten werden, die Bilder zu betrachten. Wenn hier nicht die richtigen Einstellungen zum Fernhalten von Suchmaschinen vorgenommen werden, sind diese Bilder ebenfalls durch Suchmaschinen aufzufinden und werden über kurz oder lang mittels der Bezeichnung, mit welcher sie im Dateinamen versehen worden sind, im Internet zu finden sein.

Stellen Sie sich vor, dem Personalleiter erklären zu müssen, wie die Bilder des betriebsinternen Sommerfestes ins Internet gelangt sind. Seien Sie daher sorgfältig bei der Auswahl des Anbieters, wählen Sie einen Dienst aus dem Inland, der möglichst dem Deutschen Recht unterliegt. Sollten Ihre Bilder bereits auf anderen Websites gespiegelt werden, sollten Sie sofort die jeweiligen Anbieter kontaktieren, um das Material von der Website entfernen zu lassen. Überlegen Sie auch, ob Sie wirklich Speicherplatz sparen müssen. Investieren Sie doch lieber in eine weitere Festplatte, um Ihre Daten zu sichern.

Falls Sie die Fotos dann online mit anderen teilen möchten, rate ich Ihnen, die Bilder zu einem Verzeichnis zusammenzufassen, dieses mittels einer entsprechenden Software zu komprimieren, also zu „zippen", und dann zu verschlüsseln, also mit einem Kennwort zu versehen.

Schon können Sie Ihre Bilder gefahrlos versenden oder auf Onlinefestplatten speichern.

Dasselbe gilt für Veröffentlichungen auf Youtube oder anderen Videoportalen. Zwar ist es meist nicht leicht, überhaupt zu ermitteln, ob man in einem Video vorkommt, welches sich dort befindet. Doch falls man fündig wird, sollte man versuchen, es zu entfernen, wenn dieses Video mit dem eigenen Namen in Kontext gebracht werden kann.

Wenn Sie selbst hier aktiv sind, achten Sie unbedingt darauf, die Rechte Dritter zu wahren und veröffentlichen Sie nicht ungefragt Videos Ihrer Familie, Ihrer Kollegen oder Ihrer Freunde in solchen Portalen. Verwenden Sie auch keine urheberrechtlich geschützte Musik als Hintergrundberieselung. Es gibt genug lizenzfreie Musikstücke, die kostenlos im Internet zu finden sind. Falls Sie Videos oder Bilder online aufbewahren oder veröffentlichen, sorgen Sie dafür, dass diese nicht die Namen der darauf befindlichen Personen in der Beschreibung oder im Dateinamen enthalten, damit die Suchmaschinen keine Zuordnung einer Person zum Bild durchführen können. Nutzen Sie ebenfalls nicht Ihren richtigen Namen, um einen Account bei Anbietern von Speicherplatz zu erstellen.

Produktbewertungen

Ja, so ist das mit dem Internet: Endlich kann man dem Hotel in Griechenland heimzahlen, dass der Service mies war, oder man so lange beim letzten Arztbesuch hat warten müssen, weil der Herr mit

der Krawatte, die aussah, als sei sie im Tankstellenverkauf noch herabgesetzt worden, später ins Wartezimmer kam, aber eher aufgerufen worden ist. Diese Rache kann sich gegen Sie wenden, denn nicht wenige Produkte lassen nicht nur Rückschlüsse auf den oder die Benutzer zurück, auch die Schreibweise hinsichtlich Stil oder Rechtschreibung spricht Bände.
Wenn ich hier nun anführe, dass solche Bewertungen besser anonym durchgeführt werden sollten, dann würde man mir eventuell entgegnen, dass die entsprechende Firma schon wissen soll, wer sie aus welchem Grund negativ oder positiv bewertet habe. Es geht also mitunter um das Prinzip. Wenn also die Absicht besteht, mit dem eigenen Namen Bewertungen von Produkten, Dienstleistungen oder Firmen durchzuführen, sollten einige Regeln befolgt werden.

Emotionen: Lassen Sie Ihren Emotionen keinesfalls freien Lauf. Stellen Sie sich vor, Sie ständen vor einhundert Menschen auf einer Bühne und würden Ihre Bewertung erklären müssen.

Sie würden vermutlich recht sachlich argumentieren, damit jeder Ihre Bewertung versteht und Ihnen auch zustimmt. Genau das passiert bei Bewertungen. Einhundert Menschen lesen diese und wollen sie nachvollziehen. Die Menschen möchten entscheiden, ob sie das Produkt kaufen, mit der Firma in Kontakt treten oder das von Ihnen bewertete Buch lesen. Oder eben nicht.

Schreibweise: Schreiben Sie nicht in einfachen Sätzen ohne Punkt und Komma, sondern bemühen Sie sich, einen sachlichen, fehlerfreien Text zu erstellen. Schreiben Sie den Bewertungsartikel vor, nutzen Sie die Rechtschreibprüfung von Microsoft Word oder Open Office und schlafen Sie gegebenenfalls eine Nacht darüber. Veröffentlichen Sie den Text, wenn Sie am folgenden Tag immer noch der Meinung sind, er eigne sich zur Verbesserung der Informationen zu dieser speziellen Thematik.

Thematik: Bedenken Sie, dass Sie mit den bewerteten Produkten, Firmen oder Dienstleistungen leicht in Zusammenhang gebracht werden könnten. Sollten Sie wirklich dieses Buch bewerten, diese CD oder diese Dienstleistung? Denken Sie in Ruhe darüber nach. Was kann die Folge sein?

Vermutlich wollen Sie ohnehin nicht die negative Erfahrung der letzten Schuldnerberatungssitzung veröffentlichen, aber auch der Kontext zu gewissen Krankheitsbüchern, Musikgruppen oder sogar Kleidungsstücken wie Unterwäsche könnte entsprechend ausgelegt werden.

Beachten Sie auch, dass viele Bewertungen sich zu einem Gesamtbild zusammenfügen können, das möglicherweise gar nicht der Wahrheit entspricht. Falls doch, eventuell möchten Sie ja nicht, dass Sie durch Ihre Bewertungen einer bestimmten Personengruppe zugeordnet werden können.

Und dann doch noch ein Hinweis: Klären Sie solche Sachverhalte besser persönlich, und sagen Sie, wo der Schuh drückt. Eventuell hat der Arzt wirklich nur einen schlechten Tag gehabt, und nun wird, weil er Ihnen zu ruppig oder zu gestresst erschien, daraus ein richtig existenzbedrohendes Ereignis.
Denn schlechte Bewertungen bleiben viel besser in der Erinnerung haften als positive. War da nicht mal was?

Falls Sie dennoch eine Bewertung abgeben möchten, sollten Sie neutrale Portale nutzen, etwa die Bewertungsplattform der Krankenkassen, die seit Mai 2011 zu erreichen ist. Hier werden nur Bewertungen gezeigt, wenn mindestens zehn Abstimmungen vorliegen, zudem können keine eigenen Beiträge, etwa in Form von Schmähkritik, veröffentlicht werden.

Elternforen und Dienste für Kinder

Kinder und Internet sind ein Thema, welches eigentlich ein eigenes Buch verdient. Denn hier wird meist alles falsch gemacht, was man nur falsch machen kann. Stellen Sie sich vor, Sie befänden sich im Intercity von Frankfurt nach München. Neben Ihnen säße eine schwangere Person. „Guten Tag", sagt die Dame plötzlich. „Ich habe ja Sorge um mein Kind, der Arzt hat so merkwürdige Andeutungen gemacht." Sie haben Recht, wenn Sie sich denken, so etwas passiere nicht, da das Thema vermutlich nicht mit Fremden besprochen wird. Natürlich nicht.
Aber im Internet werden solche oder ähnliche Informationen gerne zur Verfügung gestellt, und zwar freiwillig. Bei manchen Kindern lässt sich, obwohl sie erst drei oder vier Jahre alt sind, bereits eine richtige Krankengeschichte nachvollziehen. „Unser Lukas hat jetzt Durchfall, was kann das nur sein?" So oder ähnlich wird gefragt, und manchmal wird sogar der Ort erwähnt, an welchem man wohnt. Und, wenn es richtig schlecht läuft, auch der Nachname. Oder das Geburtsdatum. Mal wieder Zeit für die Suchmaschine, denke ich. Tippen Sie doch mal ein: „Unser Lukas hat Durchfall". Da schlägt man die Hände über dem Kopf zusammen, wenn man liest, was Eltern an Informationen zu ihren Kindern veröffentlichen. Aber aus Kindern werden Leute. Und ob diese eines Tages ihre ganze Kinderkrankengeschichte im Internet veröffentlicht wissen möchten? Und, gehen Sie davon aus, die Möglichkeiten, solche Einträge bestimmten Personen zuzuordnen, werden immer ausgefeilter, auch wenn der Nachname nicht erwähnt wird.

Es wächst eine Generation heran, die mit dem Internet aufwächst. Eine Generation, die einen „Instinkt" für Suchergebnisse entwickelt. Bei zu detaillierter Darstellung ist der nächste Klassenclown vorprogrammiert. Ganz zu schweigen von den beruflichen Perspektiven, wenn von ADH bis Grippe alle Krankheiten zum Nachwuchs veröffentlicht werden. Da haben Sie als Eltern zwar Sicherheit, alles für die körperliche Gesundheit getan zu haben, was derzeit möglich ist, aber wenn Sie mal ganz ehrlich sind: Wenn Sie selbst eine Erkrankung haben, dann gehen Sie doch auch zum Arzt und besprechen das nicht vorher in Gesundheitsforen?

Aber auch der Nachwuchs kann negative Suchmaschinenergebnisse produzieren. Ganz unsinnig, aber vermutlich gut gemeint ist ja die Idee, Kindern nur begrenzte Zeit für das Internet zur Verfügung zu stellen. Kinder können um 13:47 Uhr mitteleuropäischer Zeitrechnung genau so viel Blödsinn machen wie um 23:34 Uhr. Die Einschränkung der Uhrzeit reicht also nicht aus, um Lukas Aktivitäten zu bändigen. Ermitteln Sie die Plattformen, Onlinespiele und andere Seiten, die Ihr Kind besucht, und sehen Sie sich die Kontakte und Nachrichten an, auch wenn Sie sich hier erst einarbeiten müssen. Erst neulich hatte ich Kontakt zu Eltern, deren Kind eine Mitgliedschaft in einem Schülernetzwerk hatte. Das Mädchen ist dann bei Bekannten, ich nenne sie mal besser nicht Freunde, ins Internet gegangen, um ihre Nachrichten zu lesen. Mehrere Tage später war das Profil der Schülerin völlig verändert, zudem sind mehrere beschämende Nachrichten durch ihren Account versendet worden. Täter war wohl der oder die Bekannte, bei welchem sie kurz ihre Mitgliedschaft aufgerufen hatte. Beide Kinder gehören aufgeklärt, welche Gefahren ein solches Verhalten mit sich bringt.

Natürlich ist das Internet heutzutage eine Kontaktplattform, die auch den Austausch untereinander ermöglicht. Klären Sie Ihre Kinder auf, wie wichtig die Einträge im Internet sein können, wenn es um eine spätere berufliche Karriere geht. Lassen Sie möglichst nur aktive Veröffentlichungen zum richtigen Namen zu, wenn es um ein Ergebnis bei „Jugend forscht" geht.

Ansonsten empfehle ich einmal mehr dezente Zurückhaltung.

Personensuchmaschinen

Hier handelt es sich um relativ neue Typen von Suchmaschinen. Sie heißen Yasni.de, KGBpeople oder 123people, und sie sammeln personenbezogene Daten auf Internetseiten und in Sozialen Netzwerken. Auch wenn diese Dienste umstritten sind, sollte man eines nicht vergessen: auch diese Suchmaschinen erstellen keine eigenen Beiträge im Internet. Sie sammeln lediglich auf, was Dritte oder Sie selbst irgendwo und irgendwann veröffentlicht haben, und stellen die gefundenen Daten in den Kontext zueinander. Wenn Sie hier also Daten oder Bilder bei der Namenssuche finden, die Sie gerne gelöscht haben würden, dann versuchen Sie, die Quelle zu kontaktieren. Diese wird im Regelfall mittels Verlinkung dargestellt. Eine Besonderheit bietet übrigens die Personensuchmaschine Yasni. Hier besteht die Möglichkeit, einen Account zu erstellen, um die Links, die zum eigenen Namen angezeigt werden, zu kontrollieren. Mittels dieses Accounts kann man auch neue Informationen veröffentlichen, die dann auch in anderen Suchmaschinen angezeigt werden.

Es besteht weiterhin die Möglichkeit, diese Links durch andere Mitglieder nach Authentizität bewerten zu lassen. Sicherlich bietet diese Personenidentifikation nicht die selbe Sicherheit wie eine Flughafenkontrolle am John F. Kennedy International Airport, aber immerhin kann man zumindest neue Kontakte mit ebenfalls an der eigenen Darstellung im Internet interessierten Personen knüpfen. In den USA gibt es inzwischen weitere Personensuchmaschinen, die dafür ausgelegt sind, für Personalverantwortliche Daten zu Bewerben herauszufinden.

Zur Veröffentlichung hat das Landgericht Hamburg im Jahre 2010 (325 O 448/09) ein Urteil gefällt. Es ging um die Veröffentlichung von Bildern in einer Personensuchmaschine, welche diese auf der Webseite der Klägerin abgegriffen und veröffentlicht hatte.

Hier hat das Gericht deutlich dargestellt (Auszug):

...die Abbildung des Fotos der Klägerin in dem von der Beklagten betriebenen Internet-Angebot greift zwar in das allgemeine Persönlichkeitsrecht der Klägerin ein. Es liegt auch keine ausdrückliche Einwilligung der Klägerin gegenüber der Beklagten vor, ihr Bildnis zu verbreiten oder öffentlich zur Schau zu stellen. Gleichwohl ist der Eingriff der Beklagten in das Recht der Klägerin nicht rechtswidrig, weil die Beklagte dem Verhalten der Klägerin (auch ohne ausdrückliche rechtsgeschäftliche Erklärung) entnehmen durfte, diese sei mit der Abbildung ihres Fotos in dem auf dem von der Beklagten betriebenen Internet-Angebot einverstanden. Denn die Klägerin hat es ermöglicht, dass ihr Foto auf der von ihrem Arbeitgeber betriebenen Seite ... veröffentlicht wird. Diesem (schlüssigen) Verhalten der Klägerin kann die objektive Erklärung entnommen werden, sie sei mit der Wiedergabe bzw. dem Erscheinen jenes sie abbildenden Fotos in Ergebnisanzeigen von Suchmaschinen - wie vorliegend in dem von der Beklagten betriebenen Internet-Angebot - einverstanden. Das Gericht wendet insofern die Grundsätze, die der Bundesgerichtshof in seiner Entscheidung vom 29.04.2010 (Az.: I ZR 69/08) - für die Nutzung urheberrechtlicher Werke durch Bildersuchmaschinen - aufgestellt hat, entsprechend an. Dafür, dass dem Verhalten der Klägerin entnommen werden kann, sie habe in die Abbildung ihres Fotos in dem von der Beklagten betriebenen Internet-Angebot eingewilligt, spricht auch der Umstand, dass das Internet-Angebot von ... ausdrücklich für Suchmaschinen optimiert wurde. Wenn die Klägerin es zulässt, dass ihr Foto auf einer solchen Homepage veröffentlicht wird, durfte die Beklagte dem Verhalten der Klägerin (auch ohne rechtsgeschäftliche Einwilligungserklärung) entnehmen, die Klägerin sei mit der Anzeige des Fotos auf dem Internet-Angebot der Beklagten einverstanden.

Das Verhalten der Klägerin, ihr Foto auf der Internetseite ... für den Zugriff durch Suchmaschinen zugänglich zu machen, ohne dass bei dieser Seite von den technischen Möglichkeiten Gebrauch gemacht wurde, ihr Foto von der Anzeige durch Personensuchmaschinen auszunehmen, konnte von der Beklagten als Betreiberin einer solchen Personensuchmaschine objektiv als Einverständnis damit verstanden werden, dass das Foto der Klägerin in dem bei der Bildersuche üblichen Umfang genutzt werden durfte. Ein Berechtigter, der Bilder im Internet ohne Einschränkungen frei zugänglich macht, muss mit den üblichen Nutzungshandlungen rechnen. ...

Dieses Urteil ist wie geschaffen für den Übergang in den nächsten Abschnitt, denn das Bild entstammte der eigenen Internetseite der Klägerin.

Der eigene Webauftritt

Mittels der eigenen Website im Internet können natürlich richtig viele persönliche Daten ins Web geschleudert werden. Es fängt meist ganz harmlos an: Willkommen auf der Homepage der Familie Meier. Dann werden die Kinder, das Haus, die Hunde und der Urlaubsort vorgestellt. Als Bonus noch die Erkrankungen, an welchen bestimmte Mitglieder der Familie temporär oder dauerhaft leiden. Bilder runden das Angebot ab, damit jeder weiß, mit wem er es zu tun hat. Eine recht einseitige Vorstellung, finden Sie nicht? Denn es fehlt die persönliche Vorstellung derjenigen, die diese Informationen erhalten und ggf. verwerten. Hier reicht die denkbare Nutzungsmöglichkeit von gezielter Werbung mittels E-Mail oder Post über den Adressenverkauf bis hin zum Einbruchdiebstahl.

Googeln Sie einmal „Willkommen auf der Homepage der Familie". Sie finden mehr als 78.000 Familienhomepages.

Also, einen richtigen Nutzen hat ein solches Hobby nicht, außer, dass Daten ins Web geschleudert werden, die später nur sehr schlecht wieder einzufangen sind. Denn Daten können durchaus durch andere Websites gespiegelt oder archiviert werden. Zumeist werden diese Homepages nach der Erstellung oftmals einfach vergessen.

Falls Sie dann eines Tages auf Ergebnisse der eigenen Homepage stoßen, können Sie Ihre Homepage zwar löschen, doch die Spiegelung bleibt weiter bestehen. Daher überlegen Sie gut, aus welchem Grund Sie die Daten zur Familie im Internet verbreiten möchten. Etwas ähnliches gilt für die Bewerbungshomepage. Hiermit ist eine zusammenfassende Darstellung von Informationen zu einer bestimmten Person gemeint, die das Ziel hat, künftige Arbeitgeber von der Qualifikation der Bewerber zu überzeugen. Meist wird bei Bewerbungen per E-Mail ein Link zu einer solchen Homepage durch den Bewerber versendet. Da auch solche Angebote in der Regel von Suchmaschinen erfasst werden, sind die veröffentlichten Daten für jeden verfügbar. Wählen Sie die Inhalte sorgfältig aus, und lassen Sie diese nur so lange online, wie Sie diese auch wirklich benötigen. Erwägen Sie, ob etwa auch andere Daten, wie Bilder Ihrer Tochter zu finden sein sollen. Und warum. Behalten Sie Ihr Webangebot jedenfalls immer im Auge, egal zu welchem Zweck es erstellt worden ist.

Kapitel 4 Beruf und Internet

Wann sind Beiträge beruflich zielführend?

Sie haben recht, da muss man sich erst noch einmal die Überschrift ansehen, um zu verstehen, um was es in diesem Kapitel geht. Was ist gemeint mit „zielführend"? Ins Ziel leitend, so deute ich diesen modernen Begriff immer. Hier muss also erst einmal ein Ziel bestehen, in das geleitet werden kann. Wie sollte ein solches Ziel aussehen, was sollte es berücksichtigen?

Gehen wir einmal davon aus, dass alles zielführend ist, was den potentiellen Kunden dazu bewegt, ein Geschäft abzuschließen, und alles nicht zielführend ist, was diesen eher abschreckt. Oder dass alle Einträge zielführend sind, welche die Karriere innerhalb des Unternehmens begünstigen oder die Einstellung fördern. Um welche Themen es dabei geht, ist grundsätzlich egal, sie müssen also gar nicht im Kontext zum Beruf stehen, aber sie müssen seriös wirken. Offensichtliche, selbst produzierte Schreibfehler sollten nicht zu sehen sein, siehe Kapitel 3, Abschnitt „Ein sauberer Auftritt". Ergebnisse sollten also immer ordentlich sein und für Sie sprechen. Es kann für Bewerber daher durchaus förderlich sein, wenn Sie in der örtlichen Presse regelmäßig mit Ergebnissen des Handballvereins in Verbindung gebracht und veröffentlicht werden. Solche positiven Darstellungen runden das Bild zu Ihrer Person ab und lassen darauf schließen, dass Sie Ihr Leben fest im Griff haben. Aber natürlich sind auch Einträge zu beruflichen Erfolgen durchaus positiv zu bewerten. Eine verzweifelte Stellensuche in allen möglichen Foren und Gästebüchern dürfte dagegen einen eher schlechten Eindruck auf Dritte erwecken. Ich möchte anhand einiger Beispiele versuchen, ein Gefühl dafür zu vermitteln, welche Einträge förderlich sind und welche nicht. Falls Ihr Beruf nicht erwähnt wird, sollten Sie dennoch in der Lage sein, wenn Sie das Folgende gelesen haben, Ihre eigenen Veröffentlichungen zu prüfen und zu optimieren. Zudem kann es vorkommen, dass mehrere Berufe auf Sie passen. So können Sie Hausmann, Geschäftsführer und Rechtsanwalt sein. Stellen Sie sich die für Sie relevanten Informationen anhand des Baukastens selbst zusammen.

Der Hausmann

Also gut, Hausmann und Hausfrau müsste es heißen. Aber es werden tatsächlich mehr Begriffe zum Hausmann als zur Hausfrau im Internet gefunden. Wie heißt es so schön?
Auf Grund der besseren Lesbarkeit wird in den Texten der Einfachheit halber nur die männliche Form verwendet. Die weibliche

Form ist selbstverständlich immer mit eingeschlossen. Das gilt hier also auch, nur anders herum eben. Also gut, werden Sie denken, was ist denn nun mit der Hausfrau? Was soll sie im Internet veröffentlichen? Dazu erst einmal, dass die herkömmliche Hausfrau, wie sie in den fünfziger Jahren im kollektiven Vorstellung bestanden hat, schlicht nicht mehr vorhanden ist. Meist ist es so, dass der Status des Hausmanns oder der Hausfrau nur temporär ist, da heutzutage zwei Einkommen oftmals eine Notwendigkeit darstellen, wenn auch eine Urlaubsreise drin sein soll. Man ist also meist nicht nur Hausfrau, sondern nur für einen Abschnitt des Lebens. Generell ist die Tätigkeit zu Hause ohnehin unbegreiflicherweise noch immer nicht so anerkannt wie die Ausübung eines Berufes. Daher stellt sich nun die Frage, welche Veröffentlichungen im Internet zu finden sein sollten, die der Karriere förderlich sind. Dringend rate ich davon ab, mittels pathetischer Forenbeiträge die Bedeutung der Tätigkeit als Hausfrau oder Hausmann hervorheben zu wollen. Auch sollte sorgsam überlegt werden, ob man sich mit dem richtigen Namen innerhalb der einschlägigen Foren zu Kinderkrankheiten, Ernährung, Sport oder Hobbys zu erkennen gibt. Man kann sich dort auch nett unterhalten, ohne Rückschlüsse auf den eigenen Namen zuzulassen. Das erwartet ohnehin kein Mensch mehr heutzutage und schon gar nicht im Internet. Auch empfehlenswert: Zu diesem Zwecke eine eigene, kostenlose E-Mailadresse zu erstellen, die ebenfalls keine Rückschlüsse auf den Namen zulässt. Ein entsprechender Dienst ist sehr leicht mittels einer Suchmaschine aufzuspüren.

Steuerberater/Rechtsanwalt/Notar

Diese Berufsgruppen sind, falls Sie bei einer Kanzlei tätig oder sogar stolze Inhaber sind, jedenfalls dann auf eine gute Darstellung im Internet angewiesen, wenn es um neue Kunden geht. So werden Unternehmen, die eine anwaltliche Beratung benötigen und nicht über entsprechende Empfehlungen zu Ihnen gelangen, hoffentlich mittels einer Suchmaschine auf Sie aufmerksam. Falls das nicht der

Fall ist, sollten Sie das ändern. Wichtig ist, im Internet präsent zu sein. Und zwar mittels einer Firmenseite, welche Ihre Dienstleistung beschreibt, ausführlich und möglichst ohne Schreibfehler. Gestalten Sie die Seite interessant und hilfreich, aber überladen Sie diese nicht. Ermöglichen Sie einen einfachen Kontakt per E-Mail, und beschreiben Sie Ihre Reaktionszeiten. Produzieren Sie unterschiedlich gestaltete Einträge zu Ihrem Unternehmen. Sehen Sie nach, in welchen Verzeichnissen sich Ihre Kollegen eingetragen haben, und nutzen Sie diese ebenfalls. Falls Sie eine Doktorarbeit oder eine andere Veröffentlichung publiziert haben, erwähnen Sie diese auf Ihrer Website.

Halten Sie sich, wenn Sie zu dieser Berufsgruppe gehören, im Übrigen besser aus öffentlichen Diskussionen heraus. Vermeiden Sie besser auch Bewertungsportale, in welchen Sie Ihr Unternehmen eintragen können, denn Bewertungen lassen sich nicht kontrollieren.

Falls man Sie ungefragt bewertet, sollten Sie diese Bewertungen im Auge haben. Schnell wird, etwa durch die Konkurrenz, eine weitere Bewertung positioniert, die ggf. nicht positiv ist.
Ebenfalls möglicherweise nicht ganz harmlos sind Plattformen, in welchen Sie zu bestimmten Fragen Antworten erstellen, die finanziell honoriert werden. Auch hier haben Sie keinen Einfluss auf die Reaktionen derjenigen, die Ihnen die Frage öffentlich gestellt haben, und im Zweifelsfall haben Sie für die 20,- € bis 50,- €, welche Sie bei der Beantwortung verdient haben, ein Berufsleben lang einen schädlichen Eintrag im Internet. Zudem stellen sich Kunden vermutlich die Frage, warum eine eigentlich gut verdienende Berufsgruppe für ein paar Euro im Internet Fragen beantwortet. Da Ihre Klienten Seriosität und Diskretion vermutlich über alles schätzen, sollten Sie negative Presse tunlichst vermeiden. Denn die Internetversion der Presse erhält innerhalb der Suchmaschinenergebnisse einen Pressebonus und steht somit ziemlich oben in der Ergebnisliste zu Ihrer Namenssuche.

Veröffentlichen Sie weiterhin unter keinen Umständen Informationen zu Ihren Kunden. Das wirkt nicht nur irritierend auf die Kunden selbst, es schreckt auch neue Kunden ab. Seien Sie also sparsam mit dem, was Sie über Ihre Referenzen auf der Website angeben. Vor allem erkundigen Sie sich bei Firmen oder Personen, ob diese als Referenz benannt werden möchten. Wenn Sie als Rechtsanwalt in einem Unternehmen tätig sind, achten Sie ebenso sorgfältig auf Ihren Leumund. Tragen Sie sich in entsprechende Verzeichnisse ein, wenn für Karriere oder Kunden erforderlich, aber vermeiden Sie, wenn nicht unbedingt erforderlich, die Publikation Ihrer persönlichen Daten wie Familienstand, Anschrift, private Telefonnummer, E-Mailadresse und dergleichen.

Personalreferent

Tja, der Schnüffler. Den Personalreferenten kann ich hier nicht ungeschoren lassen, denn schließlich ist er es, der hauptsächlich von der Veröffentlichung Ihrer Daten profitiert. Das gilt natürlich auch für das weibliche Pendant.

Wer also beruflich das Internet nach Lebensläufen potentieller Beschäftigter oder Auszubildender durchforstet, sollte am besten selber eine ganz saubere Weste haben. Da ich selbst weit mehr als zwanzig Jahren zu dieser Personengruppe gehöre, glaube ich hier besonders gut einschätzen zu können, was sich positiv auswirkt und was nicht. Gut, fangen wir an. Sehr gut für Personalsachbearbeiter machen sich Erwähnungen im Zusammenhang mit Projekten, etwa der Einführung der Digitalen Personalakte oder eines Personalinformationssystems. Sollten Sie im beruflichen Kontext an solchen Projekten beteiligt werden, dann freuen Sie sich darüber und achten am besten darauf, dass Ihr Name richtig geschrieben wird, wenn die beteiligten Unternehmen die entsprechenden Projektergebnisse als Referenz veröffentlichen. Weitere Themen, zu welchen der Name genannt werden könnte oder sollte, sind Vorträge und Veranstaltungen im beruflichen Kontext.

Auch eine Mitgliedschaft in der Industrie- und Handelskammer, etwa durch eine Tätigkeit als Prüfer oder Ausbilder für bestimmte Ausbildungsberufe, kann einen positiven Leumund erzeugen. Das gilt auch für eine ehrenamtliche Tätigkeit als Arbeitsrichter, eine solche Funktion wird auch gerne von Führungskräften der oberen Hierarchie ausgeübt. Zwar ist nicht gesagt, dass durch solche Funktionen tatsächlich Einträge in Suchmaschinen entstehen, aber die Wahrscheinlichkeit ist gar nicht mal so gering, dass die örtliche Presse über derartige Sachverhalte Bericht erstattet.

Zudem besteht immer die Möglichkeit, den Vorschlag zu machen, aus der Tätigkeit heraus einen Presseartikel zu erzeugen, also aktiv daran mitzuwirken. Auch eine Erwähnung im Kontext der Zusammenarbeit mit Behörden, etwa der Arbeitsagentur oder den Landschaftsverbänden, kann nicht schaden und zeugt von einem funktionierenden beruflichen Netzwerk. Das schließt auch ein, dass beispielsweise für schwerbehinderte Menschen besondere Anstrengungen unternommen worden sind. Weiterhin als ungefährlich erachte ich die Mitgliedschaft in berufsbezogenen Sozialen Netzwerken.
Achten Sie aber darauf, sich nicht übertrieben in Ihrem Profil darzustellen, und vermeiden Sie Unwahrheiten. Auch für Personaler gilt übrigens, dass veröffentlichte sportliche Aktivitäten eher förderlich für die Karriere sind. Habe ich erwähnt, dass ich hierbei übrigens aktive Sportausübung meine und nicht die Mitgliedschaft in einem Schalker Fanclub, der für Randale im Stadion bekannt ist? Falls nicht, habe ich es jetzt getan.

Für Personalsachbearbeiter eher nicht förderlich ist die offen im Internet zu erkennende Mitgliedschaft zur Gewerkschaft oder zu bestimmten Parteien. Nein, auf keinen Fall habe ich etwas gegen Gewerkschaften oder Parteien, aber die Personalabteilung sollte in dieser Hinsicht neutral auftreten, denn Personalsachbearbeiter repräsentieren das Unternehmen gegenüber den Bewerbern. Weiter zu vermeiden sind die üblichen Verdächtigen: Onlinespiele, sexuelle

Vorlieben, gesundheitliche Themen, religiöse Grundsatzdiskussionen, unseriöse Themen und dergleichen.

Führungskraft

Als Führungskräfte bezeichne ich an dieser Stelle alle Führungskräfte im Unternehmen, vom Arbeitsgruppenleiter bis zum Vorstand. Führungskraft kann man sein, weil man die Aufgabe errungen hat und sich gegen viele Bewerber durchsetzte, oder weil man das Unternehmen selbst gegründet hat. Oder weil der Großvater das Unternehmen gegründet hat. Eventuell hat man sich auch geschickt vermählt, oder sich einfach auf eine Stelle beworben und die Anwesenden überzeugt, der oder die Richtige zu sein. Oder es gab keinen anderen Kollegen oder keine andere Kollegin, der oder die den Knochenjob machen wollte, und Sie gehen mit Magenschmerzen zur Arbeit und mit zwölf Jahre altem Dimple zu Bett. Scherz beiseite. Was ich damit sagen will: Führungskräfte sind Leute wie Du und ich. Falls Sie zu dieser Gruppe gehören, wissen Sie das vermutlich selbst am besten.

Aber Führungskräfte sollen noch mehr sein, wenn es nach den Unternehmen geht, bei welchen diese in Anstellung befindlich sind. Sie sollen Vorbilder sein, an welchen die anderen Beschäftigten ihr innerbetriebliches Verhalten ausrichten können und sollen. Das bedeutet, dass Führungskräfte besonders hohen Wert auf den Leumund im Internet legen müssen. Sobald ein negativer Eintrag existiert, eine indiskrete, persönliche Veröffentlichung, erregt diese mehr Aufmerksamkeit als alle bisher erzielten beruflichen Erfolge zusammen. Und je höher Sie in der betrieblichen Organisation stehen, umso interessanter wird es für die Beschäftigten, Daten über Sie im Internet zu ermitteln.

Vermeiden Sie daher, Ihre astrologischen Fähigkeiten offen im Web auszubreiten, versuchen Sie, mit ernsten Themen in Zusammenhang gebracht zu werden.

Diese können sowohl fachlich als auch, je nach Funktion, bis hin zur Beratung politischer Gremien reichen. Lokale politische Vereinigungen veröffentlichen übrigens gerne auf den eigenen Internetseiten entsprechende Besuche von Geschäftsführern, um den Mitgliedern der Partei die eigene Aktivität stolz zu präsentieren. Solche Veröffentlichungen sind in der Regel sehr gut geeignet, eine positive Darstellung im Internet zu erhalten. Schwieriger wird es, wenn öffentliche Themen nicht sachlich diskutiert werden und die Informationen ins Persönliche abgleiten.

Das kann geschehen, wenn die Berichterstattung besagter örtlicher Parteizentrale nicht besonders professionell ist und die steigenden Energiepreise dem Vorstand des kommunalen Versorgungsunternehmen in Person ankreidet. Das hat man jedoch schnell heraus und meidet vermutlich künftig besagte Berichterstatter. Überhaupt ist die Teilnahme an außergewöhnlichen Ereignissen, etwa der Verlegung des Grundsteins einer Schule oder der Überreichung eines Spendengutscheins an eine Kindertheatergruppe immer ein hervorragender Weg, die Darstellung im Internet zu unterstützen.

Ob Sie dann tatsächlich namentlich erwähnt werden, ist zwar ungewiss, aber eines ist sicher: Sie werden auf jeden Fall nicht positiv erwähnt, wenn Sie solchen Anlässen fernbleiben.
Auch religiöse Aktivitäten wirken sich positiv aus, es ist keine Schande, an einen Gott zu glauben. Allerdings sollte man nicht als Fanatiker auftreten, sondern tolerant mit dem Glauben umgehen, auch im Internet. Glaubensdiskussionen selbst sollten vermieden werden.

Karrierestufen: Oft finden sich Einträge im Internet, die nicht Ihre augenblickliche Position im Unternehmen zeigen. Wenn diese Einträge auf eine Tätigkeit hinweisen, die in der Hierarchie niedriger anzusehen ist, dann können Dritte erkennen, dass Sie Karriere gemacht haben.

Das wirkt sich gut aus und sollte beibehalten werden. War die vorhergehende Position jedoch höher angesehen als Ihre derzeitige, wird natürlich die Frage aufgeworfen, warum dieser Wechsel erfolgt ist. Selbst, wenn Sie diese alten Einträge nicht löschen lassen können, sollten Sie diese nicht unbeachtet lassen. Legen Sie sich zumindest Erklärungen zurecht, wenn Sie nicht gerade im Vorstand der Quelle AG gewesen sind, die sich ja bekanntermaßen in Insolvenz erging. Aber könnte man auch hier sicher sein, dass dies wirklich jeder mitbekommen hat und die richtigen Schlüsse zöge, warum Sie nun nicht mehr in so hervorgehobener Position sind? Überdies sind Insolvenz und Unternehmen schlechte Kombinationen in der Suchergebnisliste. Schließlich könnten Sie ja eine mItschuld daran getragen haben, dass das Unternehmen den Weg allen Vergänglichen beschritten hat, wer weiß? Sorgen Sie also dafür, dass Ihre Suchmaschinenvita stimmig ist, dass sich entsprechende Themen zu Ihrem Namen finden wie Veröffentlichungen oder Vortragtätigkeiten, und seien Sie ansonsten wählerisch. Falls Sie möchten, können Sie Ihren Mitarbeitern ja nun sogar den einen oder anderen Tipp zum Umgang mit dem Internet geben, das macht sich bestimmt ganz gut in der nächsten Besprechung.

Polizist/Richter/Politesse

Der Polizist und die Politesse stehen hier vertretend für die Deutsche Exekutive und der Richter für die Deutsche Judikative. Als Mitarbeiter dieser staatlichen Organisationen sind Sie vermutlich verbeamtet und haben gelernt, dass Sie Ihre Familie und Ihr Privatleben lieber etwas im Hintergrund halten sollten. Tatsächlich finden sich relativ wenige Treffer in den Suchmaschinen zu den Begriffen „ich bin polizist", und diese stehen auch meist in einem anderen Zusammenhang. Vermutlich hat das seinen wichtigen Grund, denn als Angehöriger dieser Berufsgruppen ist man oft in der Kritik, da man sehr viele Berührungspunkte zur Bevölkerung hat, die vermutlich in den wenigsten Fällen positiven Ursprungs sind.

Aber auch sogenannte „Freunde", die sich von einer Bekanntschaft einen Vorteil erhoffen, sind meist an Daten zu dem netten Polizisten oder Amtsrichter von Gegenüber interessiert, so dass Betroffene eher zur Vorsicht neigen dürften. Was sollten sie auch erzählen (dürfen)? Denn bei den meisten Sachverhalten müsste es sich um amtliche Angelegenheiten aus dem Dienst handeln, die nicht so ohne weiteres publiziert werden können, ohne dass der verantwortliche Beamte ein handfestes Disziplinarverfahren gegen sich auslöst. So war den Medien im August 2010 zu entnehmen, dass ein Polizist ein Buch über einen Entführungsfall nicht veröffentlichen durfte, da die Gefahr bestand, Dienstgeheimnisse zu verraten. Zudem sollten Sie sich als Angehöriger dieser Berufsgruppe nicht in die Gefahr begeben, bedroht oder erpresst zu werden. Was in Italien mitunter mit Richtern geschieht, ist spätestens seit dem Sechsfachmord in Duisburg auch hier zumindest nicht mehr gänzlich abwegig.

Es sollte daher festgehalten werden: Es gibt keine positiven Veröffentlichungen dieser Personengruppen, vor allem der unteren, operativen Ebene, im Internet.
Es mag sein, dass ein gestandener Kommissar, Ausbilder, Hundeführer, Pilot eines Hubschraubers oder Vorsitzender eines Gerichtshofes da abwägen muss, ob nicht doch karrierebezogene Inhalte aufzufinden sein sollten. Allerdings sind diese Personen innerhalb der Organisation dann auch relativ weit entfernt vom operativen Segment, welches die meisten Berührungen zu den Menschen und damit das höchste Potential der Erregung von Emotionen wie Rache oder Wut besitzt.

Übrigens zähle ich auch Politessen zu dieser Berufsgruppe, auch wenn diese vermutlich weit davon entfernt sind, verbeamtet zu sein. In den meisten Fällen sollte es sich um normale Tarifangestellte. Politessen sind oft nicht nur Beschäftigte der Ordnungsbehörden mit dem Auftrag, Parksünder zu kontrollieren.

Sie nehmen mitunter als Mitarbeiterinnen der Ordnungsbehörden, zusammen mit dem regulären Ordnungsdienst der Kommunen, auch Aufgaben der öffentlichen Sicherheit und Ordnung wahr, so kommunizieren sie freundlich mit den städtischen Drogensüchtigen und Obdachlosen, helfen bei Großveranstaltungen aus und an Badeseen, dass die nicht gestatteten offenen Feuer in Tankstellengrillöfen ein vorschnelles, nasses Ende finden. Sie sind mindestens ebenso gefährdet und sollten sich im Internet nicht als Angehörige ihrer Berufsgruppe zu erkennen geben.

Auch gilt daher: Weniger ist mehr. Veröffentlichen Sie Ihre persönlichen Daten nicht im Internet, und schweigen Sie zu Ihrem Beruf. Nicht, weil Sie sich schämen müssten, das sollten die Personen, mit welchen Sie täglich zu tun haben. Es geht hier einfach um die Sicherheit. Für alle diese Berufe gilt natürlich: Sie können mit einem anonymen Benutzernamen tun, was immer Sie möchten, es sollte nur der Kontext zur Person nicht erkannt werden. Wer Ihren Beruf kennt, der kann Sie ansonsten ganz einfach im Internet bloßstellen. *Frau Meier mit dem Benutzernamen Gerline12 im Forum ... ist Politesse in Darmstadt und drückt für den Stadtrat beim Falschparken immer ein Auge zu.*

Weit hergeholt? Ich habe neulich ein Forum gesehen, gehostet in den USA, dort kann man sich über Polizisten, Richter und Politessen auslassen. Und Beiträge in den vereinigten Staaten unterliegen nicht der Deutschen Gesetzgebung, die Löschungen gestalten sich äußerst schwierig.

Angehörige des öffentlichen Dienstes

Als Angehöriger des Öffentlichen Dienstes sind Sie natürlich Arbeitnehmer wie jeder andere auch. Es sei denn, Sie wären verbeamtet. Auch Beamte muss es in ordentlicher Anzahl innerhalb der staatlichen Institutionen geben. So sichern die staatlichen Behörden ihre Funktion auch für den Notfall ab. Denn Beamte dürfen beispielsweise nicht streiken, sie müssen immer „ran", auch, wenn es drunter und drüber geht. Noch immer wird die

Beschäftigung im Öffentlichen Dienst als etwas besonderes angesehen, es wird von den Beschäftigten ein besonders positives Verhalten erwartet. "Der Angestellte hat sich so zu verhalten, wie es von Angehörigen des Öffentlichen Dienstes erwartet wird." Dies war im Vorgänger des TvöD, dem Bundesangestelltentarifvertrag, sogar wörtlich im § 8 geregelt. Der TvöD sieht diese Regelung nicht mehr vor, allerdings sind für die Einstellung immer noch besondere Führungszeugnisse beim Generalbundesanwalt in Berlin zu beantragen. Ob Sie also Gärtner, Krankenschwester, Handwerker, Oberarzt oder Leichtmatrose sind: Ihr Verhalten wird besonders betrachtet. Zwar wird niemand Ihnen folgen, um zu beobachten, wie Sie sich außerdienstlich verhalten, und auch die Gerichte dürften hier kaum eine Unterscheidung in der Urteilsfindung zwischen normalen Arbeitnehmern und Arbeitnehmern des öffentlichen Dienstes treffen. Dennoch sollten Sie darauf achten, namentlich nicht im Zusammenhang mit verbotenen Parteien, sexuellen Aktivitäten oder strafbaren Handlungen im Internet Erwähnung zu finden. Auch die Veröffentlichung von dienstlichen Belangen sollte vermieden werden. Denn dann könnte der Leumund im Internet doch dazu führen, dass die Waagschale sich zu Ihren Ungunsten neigt, wenn es in einem Arbeitsrechtsstreit eigentlich um ein ganz anderes Thema geht.

Gewerkschafter

Als Gewerkschafter, hiermit meine ich Beschäftigte bei Gewerkschaften wie auch Personal- oder Betriebsräte, haben Sie sich entschieden, Ihr Berufsleben im Dienste mit der Durchsetzung der Rechte der übrigen Beschäftigten zu verbringen. Diese Entscheidung ist zumeist endgültig, denn Gewerkschaften und Personalräte sind ein sehr kommunikativer Berufsstand. Newsletter, weitergeleitet durch Namensketten, aktuelle Hinweise zu Veranstaltungen oder Personen auf den Gewerkschaftsseiten, monatlich erscheinende Briefwurfmagazine: Die Informationen sind mannigfaltig.

Das ist kein Wunder, denn derart dezentral gestaltete Organisationen können nur mittels perfekter Kommunikation bestehen. Dass das Internet eine perfekte Basis zur permanenten Vermittlung von Informationen darstellt, ist inzwischen wohl als allgemeingültig anzusehen. Gehen Sie daher davon aus, dass Sie Ihren Namen im Kontext zur Gewerkschaftsarbeit im Internet mehrfach wiederfinden, bis hin zu Veröffentlichungen in der Presse. Sie sollten sich die Quellen notieren. Denn sollte eines Tages ein beruflich oder privat veranlasster Wechsel des Arbeitgebers erfolgen, sollten Sie ein der Lage sein, in kurzer Zeit die gewerkschaftlichen Aktivitäten löschen zu lassen. Ansonsten sollten Sie den Dingen ihren Lauf lassen, verhindern können Sie Veröffentlichungen ohnehin nicht. Diese müssten zumindest sehr hilfreich für Ihre gewählte gewerkschaftliche Karriere sein.

Politiker

Der Berufspolitiker ist die Steigerung des Gewerkschafters in Hinsicht der Veröffentlichungen im Internet. Je nach Tätigkeitsfeld werden die Beiträge im Internet kaum zu kontrollieren sein. Daher sollte Ihr Augenmerk eher auf der Steuerung der Ergebnisse liegen. Falls Sie auffällig viel schlechte Presse oder negative Veröffentlichungen von einer bestimmten politischen Seite oder dem Blog eines politischen Gegenspielers erhalten, versuchen Sie, hier den Kontakt zu vermeiden. Denn falls Sie sich dazu schriftlich äußern, wird Ihr Beitrag meiner Erfahrung nach als Erfolg gegen Sie gewertet und Ihre Antwort ausgeschlachtet. Ansonsten gilt: Viel Feind, viel Ehre. In Ihrer Funktion können Sie es nicht allen recht machen, alleine der Versuch wird Ihnen schlaflose Nächte bereiten. Heutzutage kann quasi jeder alles über jeden im Web schreiben, gehen Sie davon aus, dass das auch Ihnen passieren kann. Auch unterhalb der Gürtellinie und in den persönlichen Bereich hinein. Beachten Sie, dass hoch aufgelöste Bilder, die von Ihnen im Internet kursieren, sehr gut geeignet sind, verfremdet zu werden.

Mein Ratschlag: Nehmen Sie sich einmal in der Woche Zeit, und sehen Sie sich an, was über Sie im Internet verbreitet wird. Weiterhin empfehle ich, die Familie aus dem politischen Alltag herauszuhalten. Am besten wäre, niemand kennt die Namen Ihrer engsten Verwandten, und auch diese sollten sich nicht im Internet rühmen, mit Ihnen verwandt zu sein. Vorteile davon sind mir ohnehin weder auf den ersten noch auf den zweiten Blick offensichtlich, es sei denn, man mag die Gesellschaft von Opportunisten. Die Liste der Nachteile ist hingegen groß. Die Gründe, Ihre Familie als Politiker zu kontaktieren, fängt bei Werbung an, geht über Angeberei und endet bei Bedrohung und Erpressung.

Nicht zuletzt ist auch zu beachten, dass kleine Fehltritte große Wirkung haben können. Im Internet wird schnell etwas weitergegeben, und oft hat eine kleine Nebensache dann das Ende der rühmlich begonnen politischen Karriere zur Folge gehabt. Genannt seien hier Doktorgrade, die genau untersucht werden oder falsche Versprechungen, die dann auf Videoportalen gezeigt und der Opposition als Ansatzpunkt dienen können.

Sportler

Als Sportler sind Sie den Launen der Presseberichterstattung ausgesetzt wie sonst kaum jemand. Sport fasziniert die Gesellschaft, nicht umsonst sind Sportereignisse seit dem Altertum die gefragtesten Zerstreuungen für die breite Masse. Lieblingssportler im Medienrummel wechseln recht häufig, die Glanzpunkte der Karriere sind meist relativ schnell vorbei. Wer dann noch Fuß fasst, etwa als Fußballtrainer, in der Berichterstattung oder einfach als „Promi", hat mehr Glück als die meisten anderen Kolleginnen und Kollegen. Sportler leiden zudem sehr stark am Interesse der Öffentlichkeit an negativer Berichterstattung, ich nenne es einmal „Skandale".

Mitte des Jahres 2010 war den Medien in diesem Zusammenhang zu entnehmen, dass ein Fußballer mit der Freundin eines anderen Fußballers gesprochen habe. Mehr war nicht bekannt, aber es hat gereicht, die Titelseiten der Tagespresse zu füllen. Sehr seltsam, noch heute ist hier nichts genaues bekannt. Zwei Personen haben miteinander geredet. Sehen Sie, was ich meine? Sie können als Sportler, der im Mittelpunkt des Interesses steht, negativen Einträgen im Internet nicht durch sportliche Höchstleistungen entgegenwirken.

Sie müssen heutzutage vielmehr darauf achten, nicht mit folgenden Sachverhalten in Zusammenhang gebracht zu werden: Doping, Affären, uneheliche Kinder. Achten Sie daher genau darauf, was Sie über sich veröffentlichen lassen, was Sie in Interviews von sich geben und was besser nicht weiter gegeben werden soll. Bereiten Sie sich am besten mit Ihrer Familie darauf vor, indem Sie gemeinsam eine Strategie entwickeln, welche die zu veröffentlichenden Daten beinhalten soll. Weichen Sie von dieser Strategie nicht ab, wenn es zu Interviews kommt. Teilen Sie keinesfalls mit, auf welcher Schule Ihre Tochter ist, es sei denn, Sie haben das gemeinsam innerhalb der Familie beschlossen. Allerdings kann ich mir derzeit beim besten Willen den Grund hierzu nicht vorstellen.

Ansonsten sollten Sie sich möglichst unauffällig verhalten, damit Sie keine aktiven Anlässe zu den wildesten Spekulationen geben. Andererseits können Sie beispielsweise eine befreundete Band unterstützen, indem Sie beim nächsten Interview mitteilen, dass Sie eines oder mehrere Konzerte besagter Gesangsgruppe besucht haben. Sie wissen vermutlich selbst besser als ich, wie viel Einfluss Sie haben.

Schauspieler

Als Schauspieler haben Sie einen großen Vorteil gegenüber dem Sportler. Sie können Ihren Beruf ein Leben lang ausüben. Je erfolgreicher Sie sind, desto wahrscheinlicher ist es, dass Sie Rollen bis ins hohe Alter hinein übernehmen. Je weniger erfolgreich Sie hingegen sind, desto wahrscheinlicher ist es, dass Sie unliebsame Rollen übernehmen. Daher sollte ich diese Kategorie eigentlich einteilen in „Erfolgreiche Schauspieler" und „Schauspieler". Kommen wir zu den erfolgreichen Schauspielern. Manche erzielen Trefferlisten in Millionenhöhe. Hier irgendetwas zu kontrollieren, ist schlichtweg unmöglich. Die einzige Strategie ist, auf sein Privatleben zu achten und möglichst wenig Stoff für die Presse und die Fanclubs zu geben. Verzeihung, falls man lieber im Hintergrund bleibt. Sicher nicht ganz ungeschickt und oft gewollt sind auch gewisse Skandale, um im Gespräch zu bleiben. Ich zeige das mal an einem Beispiel.

Jodie Foster ist eine bekannte, oscarprämierte Schauspielern, die schon in vielen Filmen mitgewirkt hat und auch Regie führt. Sie erzielt 26 Millionen Treffer (Stand Juli 2011) in der Suchergebnisliste. Das ist eine Menge. Wirklich.

Paris Hilton ist eine Schauspielerin, die in etwas weniger Spielfilmen mitgewirkt hat. Ich erinnere mich aber gerne an „House of Wax". Sie erzielt allerdings 270 Millionen Treffer.

Sie sehen, manchmal können Skandale gar nicht so schlecht für das Geschäft sein, gerade als Schauspieler.

Auf Grund der besseren Lesbarkeit wird in den Texten übrigens der Einfachheit halber nur die männliche Form verwendet, erwähnte ich das schon? Das gilt also auch für Schauspielerinnen. Wobei ich an dieser Stelle Frau Hilton gar keinen Skandal unterstellen möchte. Ich bin nämlich eher an fachlichen Erwähnungen interessiert, darum gehe ich rasch weiter im Text.

Also, als Schauspieler sollten Sie die Rollen gut aussuchen, denn Sie werden zumeist nach diesen bewertet. Für viele Schauspieler ist überdies die Erfindung des Internets einfach unfair und war nicht abzusehen, als die Jugendsünden begangen worden sind. Wer beispielsweise in den Sexkomödien der siebziger Jahre mitgewirkt hat, der wird heute leider bei der Namenssuche einfach darum ausgemacht, weil illegale Filesharingbörsen nicht nur die Filmtitel, sondern auch die Mitwirkenden beschreiben.

Wer konnte denn seinerzeit voraussehen, dass es einmal das Internet, geschweige denn, dass es illegale Filesharingbörsen geben würde? Sie sehen, es gibt gerade in diesem Beruf recht viele Fallstricke, die sich im Internet spektakulär auswirken. Es empfiehlt sich daher immer, das Privatleben und die Öffentlichkeit zu trennen, allerdings sind berühmte Persönlichkeiten ohnehin immer in der Gefahr, durch Paparazzi verfolgt und gefilmt zu werden, da diese entsprechend hohe Erlöse für Bildmaterial erzielen. Aber das ist ein ganz anderes Thema.

Beschäftigungssuchende

Als Beschäftigungssuchende fasse ich hier Personen, die noch im Berufsleben stehen und sich anderweitig orientieren möchten wie auch Personen, die keine aktive Beschäftigung haben, zusammen. Wobei es doch einige Unterschiede gibt. Noch in Beschäftigung stehende Personen sollten sehr genau überdenken, ob sie ihren Wechselwunsch offen im Internet publizieren, etwa im Profil von Sozialen Netzwerken. Denn der derzeitige Arbeitgeber könnte diese ebenfalls lesen und die Nachfolge arrangieren, ehe Sie als Stellensuchender eine neue Anstellung gefunden haben. Ebenfalls sollten Sie vermeiden, sich negativ über Ihren Arbeitgeber zu äußern, anonym oder nicht.

Sollte das herauskommen, werden Sie es schwer haben, eine neue Anstellung zu finden. Zumindest, solange Sie mit diesem Sachverhalt in Verbindung gebracht werden.

Es folgt ein Ratschlag, den ich erhalten habe, als man noch mit BTX anstelle des Internets Waren bestellt hat: „Man soll immer so gehen, dass man jederzeit wiederkommen könnte." Auch, wenn es Ihnen schwer fällt, bemühen Sie sich, bis zuletzt Ihre Arbeit gewissenhaft zu erledigen. Geben Sie keinen Grund zur Klage. Ansonsten sehe ich die Bemühungen um einen Arbeitsplatz als eher aktive Tätigkeit an, das heißt klassisch, es wird eine Stelle ausgeschrieben, und man bewirbt sich darum. Viele Bewerbungen werden heute mittels E-Mail versendet, das ist auch gar nicht schlimm. Allerdings sollte auch hier eine vollständige Bewerbung erstellt werden, die genau so sorgfältig erstellt werden muss wie eine schriftliche Bewerbung. Alternativ können die Portale der Arbeitsagentur für eine anonyme Darstellung der Fähigkeiten genutzt werden, hier wird meiner Erfahrung nach sehr viel Wert auf den Schutz der persönlichen Daten gelegt. Ob die Sachbearbeiterin dann am Telefon bei der Kontaktaufnahme doch den Namen verrät, mag ich nicht zu beurteilen, jedenfalls wäre der Zufall hier sehr hoch, dass Bewerber und derzeitiger Arbeitgeber zusammentreffen.

Für Beschäftigungssuchende ist die Suchmaschinenvita sehr wichtig. Schließlich kann davon ausgegangen werden, dass der künftige Arbeitgeber den Lebenslauf im Internet nachvollzieht. Bereiten Sie sich darauf vor, indem Sie Ihre eigene Suchmaschinenvita auf dem Papier nachvollziehen und die Spuren, die keinen guten Eindruck auf Dritte machen, eliminieren. Erst, wenn der Lebenslauf im Internet sauber ist, sollten Sie Ihre Kampagne starten, damit sich Ihre Chancen nicht verringern.

Rentner

Seien wir mal ehrlich. Beruflich benötigen Sie einen sauberen Auftritt im Internet nicht mehr. Theoretisch könnten Sie nun loslegen und alles verdammen, was Sie schon immer öffentlich verdammen wollten. Eigentlich. Bevor Sie loslegen, sollten Sie auch hier abwägen, ob Sie eventuell Dritten schaden.

Sind Verwandte, die noch in Arbeit stehen, mit Ihnen in Verbindung zu bringen? Berücksichtigen Sie dies. Auch, wenn es keine Sippenhaft in der Deutschen Rechtsprechung gibt, kann zumindest Verwirrung bis Erheiterung die Folge sein, wenn der Vater des Werkstattleiters permanent die städtische Führung im Internet aufgrund der katastrophalen Straßenzustände angeht. Berücksichtigen Sie auch, dass Sie auf andere Weise wieder ins Interesse von Personengruppen geraten könnten. Die Bank, das Krankenhaus, die Krankenkassen, alle diese Organisationen könnten an Informationen interessiert sein. Daher sollten Sie auch im fortgeschrittenen Alter zumindest sparsam mit Krankheitsdaten im Internet umgehen.

Alle Beschäftigten

Hier geht es um Otto Normalverbraucher, den oder die durchschnittlichen Beschäftigte. Wer ist damit gemeint? Tankwart, Tischler oder Stewardess? Eigentlich sind Sie gemeint. Ob Sie nun arbeiten oder auf der Suche nach Arbeit sind, hier wird auf die Auswirkungen von Einträgen im Internet im Kontext zu bestehenden oder gewünschten Beschäftigungsverhältnissen eingegangen, die jeden Menschen betreffen. Was sich immer positiv auswirkt, sind Ergebnisse zu beruflichen Erfolgen, Ergebnisse zu Veröffentlichungen und Vortragtätigkeit zu fachlichen Themen. Es schadet auch nicht, wenn Ihr Buch im Internet käuflich zu erwerben ist, welches zu fachlichen Themen Stellung bezieht. Insgesamt sollten die Einträge eher nicht selbst, sondern durch Dritte erstellt und veröffentlicht worden sein, damit nicht der Eindruck entsteht, Sie haben manipuliert. Das kann dann geschehen, wenn etwa auf der eigenen Homepage übertriebene Fähigkeiten im beruflichen Sektor angepriesen werden. Schädlich wirken emotionale Beiträge in Foren, etwa zu politischen oder gesellschaftlichen Themen. Gerne wird dabei der Begriff Querulant verwendet, auch wenn gar nicht die Absicht bestand, als solcher aufzutreten.

Gehen Sie davon aus, dass Ihr derzeitiger oder künftiger Arbeitgeber erwartet, dass die Mitarbeiter ruhig und professionell Ihre Arbeit verrichten. Wenn zur Beurteilung dieser Fähigkeit das Internet herangezogen wird, sollten daher eben keine emotionalen Beiträge zu finden sein. Verzichten Sie als Betroffener auf lange Beschreibungen Ihrer Situation in Mobbingforen, und begehen Sie auch nicht den Fehler, ehemalige oder aktuelle Vorgesetzte oder Unternehmen im Internet bloßzustellen. Auch, wenn diese genau das Ihrer Meinung nach genau so verdient haben: Schmutzige Wäsche wäscht man nicht im Internet. Das wirkt sich für beide Seiten negativ aus. Immer. Stecken Sie Ihre Energie lieber in eine vernünftige Bewerbung, ermitteln Sie Ihre Suchmaschinenvita, korrigieren Sie diese, falls erforderlich, und gehen Ihrer hoffentlich erfolgreicheren Wege.

Sehen Sie auch davon ab, Arbeitszeugnisse im Internet zu veröffentlichen, um sich bezüglich der Inhalte oder der Formulierungen beraten zu lassen. Ich habe neulich ein Zeugnis im Internet gefunden, da hat die Urheberin des Beitrags doch glatt vergessen, an einer Stelle den eigenen Namen zu schwärzen. Das Zeugnis wurde veröffentlicht, damit Dritte die Inhalte hinsichtlich der Zeugnissprache bewerten konnten. Hoffen wir, dass der aktuelle Arbeitgeber das nicht sieht. Indiskretionen sind nämlich auch nicht sehr förderlich für die Karriere.

Testen Sie es einmal selbst und führen Sie eine Bildersuche bei Google zum Stichwort Arbeitszeugnis durch. Mehr als 24.000 Zeugnisse sind zu sehen. Viele beinhalten persönliche Daten.

Als durchaus positiv sind dagegen Ergebnisse zu Hobbys zu sehen, die im Allgemeinen als gesellschaftsfähig betrachtet werden. Hierzu gehört sicher die Mitgliedschaft in einem Sportverein, allerdings ist die Gefahr da, dass bei Extremsportarten angenommen wird, dass Sie öfter als üblich erkranken.

Rezensionen zu Artikeln oder Büchern führen auch dazu, dass der eigene Name im Internet gefunden wird. Auch hier sollte wohl dosiert werden, denn schnell können hieraus politische Rückschlüsse gezogen werden, gerade, wenn es um umstrittene Werke geht. So kann man sich ganz schnell selbst „abschaffen", wenn man zu deutlich Stellung zu entsprechenden Werken bezieht. Das gilt auch für Musikgruppen oder sonstige Produkten, die politischen Hintergrund haben. Achten Sie bei den Bewertungen auch darauf, möglichst keine Schreibfehler zu produzieren, und schreiben Sie nicht in der „Internetsprache". Als Internetsprache bezeichne ich die Angewohnheit, alles klein und ohne Punkt und Komma hintereinander weg zu schreiben, ich habe es an anderer Stelle in diesem Buch ja schon einmal erwähnt. Vermutlich kommt diese Unsitte aus dem Umgang mit Handys, das SMS-Schreiben erfordert diese Kurzform, wenn es schnell gehen soll. Jedenfalls macht diese Schreibweise immer einen unprofessionellen Eindruck. Okay, was sollte noch vermieden werden? Generell sollten die Punkte aus Kapitel Eins zum Thema „Persönliche Daten im Internet" Berücksichtigung finden, die ich noch einmal kurz aufzähle. Wiederholungen erhöhen ja bekanntlich den Lerneffekt.
Vermeiden sie folgenden Kontext im Internet:
Ergebnisse zu Onlinespielen.
Ergebnisse zu sexuellen Vorlieben.
Ergebnisse zu gesundheitlichen Themen.
Ergebnisse zu mysteriösen Themen.
Ergebnisse zu politischen Themen.
Ergebnisse zu gewerkschaftlichen Themen.
Ergebnisse zu Diskussionen zur Religion.
Ergebnisse zu Indiskretionen.

Kapitel 6 Negative Beiträge im Internet durch Dritte

Rufmord, Verleumdung und Üble Nachrede

Was ist eigentlich Rufmord? Als Erklärung könnte dienen: Rufmord ist kein eigentlicher Rechtsbegriff, sondern eher ein metaphorischer Oberbegriff für verschiedene Delikte im Zusammenhang mit der negativen Darstellung von Personen. Also ist Rufmord im Internet eigentlich alles, was Personen im Internet geschrieben steht und deren Ruf schadet. Der Rufmord ist das Delikt, das Internet nur das Medium. Allerdings ein sehr erfolgreiches in dieser Hinsicht. Ich vermute, kaum ein anderes Delikt hat in den letzten Jahren eine solche Fahrt aufgenommen. So gestaltet sich der Nachweis solcher Sachverhalte als schwierig, da durch den oder die Verursacher zumeist länder- oder sogar kontinentübergreifend agiert wird. Diese wähnen sich anonym, der Rufmord kann gefahrlos durchgeführt werden.

Es wird in Zukunft vermutlich erforderlich sein, dass die entsprechenden Behörden viel enger zusammen arbeiten. Derzeit können Sie meiner Erfahrung nach davon ausgehen, dass eine Strafanzeige gegen Unbekannt, die sich auf in den USA getätigte Veröffentlichungen gegen Ihre Person richten, ins Leere läuft. Mit der Folge, dass Sie entweder selbst hinfahren und den Server abschalten, auf welchem die Daten liegen, oder einen amerikanischen Rechtsanwalt beauftragen. Ob der etwas ausrichten kann, ist sehr fraglich, denn er würde nicht nach Deutschem Recht vorgehen müssen, sondern nach dem des jeweiligen Bundesstaates. Sehen wir uns nun einmal an, was Rufmord eigentlich alles sein kann, nach Deutscher Rechtsprechung, wohlgemerkt.

Diffamierung bedeutet die gezielte Verleumdung Dritter. Dies kann durch Beleidigung oder durch Unterstellungen erfolgen, zumeist wird eine Mischform vorliegen.

Diskreditierung bedeutet die Zerstörung des in eine Person oder Sache gesetzten Vertrauens. Der Kredit wird im wahrsten Sinne des Wortes vernichtet.
Üble Nachrede bedeutet, dass eine ehrverletzende Behauptung aufgestellt wird, die nicht nachzuweisen ist. Sie ist geregelt im Strafgesetzbuch:

§ 186 StGB Üble Nachrede

Wer in Beziehung auf einen anderen eine Tatsache behauptet oder verbreitet, welche denselben verächtlich zu machen oder in der öffentlichen Meinung herabzuwürdigen geeignet ist, wird, wenn nicht diese Tatsache erweislich wahr ist, mit Freiheitsstrafe bis zu einem Jahr oder mit Geldstrafe und, wenn die Tat öffentlich oder durch Verbreiten von Schriften (§ 11 Abs. 3) begangen ist, mit Freiheitsstrafe bis zu zwei Jahren oder mit Geldstrafe bestraft.
Verleumdung bedeutet, dass, dass eine ehrverletzende Behauptung aufgestellt wird, die nicht wahr ist. Im Regelfall dürfte es sich hierbei nicht um gefärbte Haare, sondern eher um Straftaten handeln, die unterstellt werden. Dies ist auch der Unterschied zur Üblen Nachrede. Bei der Üblen Nachrede ist die ehrverletzende Behauptung nicht nachzuweisen, bei der Verleumdung ist sie überdies nicht wahr. Die Auswirkungen dürften die selben sein. Verleumdung ist ebenfalls im Strafgesetzbuch geregelt.

§ 187 StGB Verleumdung

Wer wider besseres Wissen in Beziehung auf einen anderen eine unwahre Tatsache behauptet oder verbreitet, welche denselben verächtlich zu machen oder in der öffentlichen Meinung herabzuwürdigen oder dessen Kredit zu gefährden geeignet ist, wird mit Freiheitsstrafe bis zu zwei Jahren oder mit Geldstrafe und, wenn die Tat öffentlich, in einer Versammlung oder durch Verbreiten von Schriften (§ 11 Abs. 3) begangen ist, mit Freiheitsstrafe bis zu fünf Jahren oder mit Geldstrafe bestraft.

Mobbing nennt sich im Internet eigentlich cyber-bullying. Da dieser Begriff relativ unbekannt ist, habe ich den gängigeren Begriff gewählt.

Ein Rufmord stellt vermutlich immer einen Verstoß gegen das Allgemeine Persönlichkeitsrecht dar. Dieses Recht ist nicht direkt in den Gesetzen der Bundesrepublik Deutschland verankert. Es hat sich durch Rechtsprechung, die auf Artikel 2 in Verbindung mit Artikel 1 des Grundgesetzes aufbaut, entwickelt. Ziel ist es, *im Sinne des obersten Konstitutionsprinzips der Würde des Menschen (Art. 1 I GG) die engere persönliche Lebenssphäre und die Erhaltung ihrer Grundbedingungen zu gewährleisten.*

Hierzu sind mehrere Grundsätze aufgestellt worden. Es werden hier die Intimspähre (Gedanken und Gefühle), die Privatspähre (Familienleben) und die Individualspähre (Schutz des Selbstbestimmungsrechts) unterschieden. Einige Rechte sind sogar besonders ausgeprägt worden, etwa das Recht am eigenen Bild, das Urheberrecht, die informationelle Selbstbestimmung oder die Ehre des Menschen.
Verstöße gegen das Allgemeine Persönlichkeitsrecht dürften durch ungefragte Bildveröffentlichungen oder durch Berichterstattung in den Medien häufig vorkommen.

Die informationelle Selbstbestimmung scheint mir im Kontext des Themas noch einen zweiten und dritten Blick wert. Es handelt sich hier konkret um das Recht des Einzelnen, grundsätzlich selbst über die Herausgabe und Verwendung seiner personenbezogenen Daten zu bestimmen. Dieses Gesetz hat starke Auswirkungen, es ist die Grundlage für die Datenschutzgesetze der Länder. Wer erinnert sich nicht noch an den „großen Lauschangriff"? Es handelte sich um die Absicht der Strafermittlungsbehörden, Überwachungsmaßnahmen in normalen Haushalten durch Überwachung durchzuführen. Im Jahr 2004 wurde dieser durch das Bundesverfassungsgericht für rechtswidrig erklärt (BverfG, 1 BvR 2378/98 vom 3.3.2004).

Einer der Leitsätze war: Zur Unantastbarkeit der Menschenwürde gemäß Art. 1 Abs. 1 GG gehört die Anerkennung eines absolut geschützten Kernbereichs privater Lebensgestaltung. In diesen Bereich darf die akustische Überwachung von Wohnraum zu Zwecken der Strafverfolgung (Art. 13 Abs. 3 GG) nicht eingreifen. Eine Abwägung nach Maßgabe des Verhältnismäßigkeitsgrundsatzes zwischen der Unverletzlichkeit der Wohnung (Art. 13 Abs. 1 i.V.m. Art. 1 Abs. 1 GG) und dem Strafverfolgungsinteresse findet insoweit nicht statt.
Sie sehen, dem Persönlichkeitsrecht wird eine große Bedeutung beigemessen.

Für Unternehmen gelten diese Rechte nur eingeschränkt, da es sich nicht um natürliche, sondern um juristische Personen handelt. Dennoch kann die Unternehmenspersönlichkeit in bestimmten Fällen auch verletzt werden, etwa durch gezielte Angriffe auf die Unternehmensehre.

Als Gegensatz zu den Persönlichkeitsrechten ist das Recht auf Informationen der Öffentlichkeit zu sehen. Im sogenannten Lebach-Urteil, welches das Bundesverfassungsgericht anlässlich der Presseberichterstattung zu dem Mord an vier Soldaten durch drei Homosexuelle getroffen hatte, wurde die Grundlage zur Abgrenzung der Rundfunkfreiheit zu den Allgemeinen Persönlichkeitsrechten gelegt.

Als wichtige Grundsätze sind hier zu entnehmen, dass das Interesse bei Ausübung der Tat entsprechend hoch sein dürfte, mit Vergehen der Zeit aber immer bedeutungsloser werden würde.

Auszug aus der Urteilsbegründung:

BVerfGE 35, 202, 233 f.: „*Hat die das öffentliche Interesse veranlassende Tat mit der Strafverfolgung und strafgerichtlichen Verurteilung die im Interesse des öffentlichen Wohls gebotene gerechte Reaktion der Gemeinschaft erfahren und ist die Öffentlichkeit hierüber hinreichend informiert worden, so lassen sich darüber hinausgehende fortgesetzte oder wiederholte Eingriffe in den Persönlichkeitsbereich des Täters in der Regel nicht rechtfertigen; sie würden namentlich bei Fernsehsendungen mit entsprechender Reichweite über den Täter eine erneute soziale Sanktion verhängen.*"

Es muss generell zur Abwägung im Konflikt zwischen Meinungsfreiheit und allgemeinem Persönlichkeitsrecht der Sinn der Äußerung ermittelt werden, und zwar so wie ihn ein verständiger Empfänger in dem jeweiligen Kontext verstehen muss. Der WDR beispielsweise hat sich mit dem 12. Rundfunkänderungsstaatsvertrag im Jahr 2009 verpflichtet, das Online-Angebot einem Drei-Stufen-Test zu unterziehen. Demnach wird das Onlineangebot darauf geprüft,

1. ob es den demokratischen, sozialen und kulturellen Bedürfnissen der Gesellschaft entspricht,

2. in welchem Umfang es in qualitativer Hinsicht zum publizistischen Wettbewerb beiträgt und

3. welcher finanzielle Aufwand hierfür erforderlich ist.
Die Einflussnahme auf die Veröffentlichungen im Internet wächst also im positiven Sinne, auch wenn hier nur Öffentlich-Rechtliche Programme betroffen sind.

Was man übrigens auch wissen sollte, wenn man sich aktiv im Internet betätigt: *Wer sich durch sein Verhalten oder eigene Äußerungen in das Blickfeld der Öffentlichkeit begibt, muss eine kritische Berichterstattung der Medien über sein Auftreten akzeptieren. Auch wenn der Betroffene selbst zuvor starke Worte verwendet hat, muss er möglicherweise einen „Gegenschlag" hinnehmen. Dies gilt gerade auch für politische Auseinandersetzungen, in denen selbst scharfe oder überspitzte Äußerungen noch zulässig sind, die in einem anderen Umfeld die Grenze zur Schmähkritik bereits überschreiten würden.*

Nachdem Sie nun einige der Deutschen Rechtsgrundlagen kennengelernt haben, und Sie vielleicht denken, so kompliziert sei das alles ja gar nicht, muss ich Sie drauf hinweisen, dass im Ausland ein anderes Rechtssystem gilt.
Je nach Ursprungsort der gegen Personen oder Unternehmen gerichteten Beiträge ist die Handhabung anders. Es ist daher wichtig, zu wissen, in welchem Land eigentlich der Betreiber der jeweiligen Website oder des Dienstes seinen Sitz hat, innerhalb welchen der Rufmord erfolgt.

Als betroffene Person oder als betroffenes Unternehmen von Rufmord sollten Sie zunächst die Ursachen ermitteln, die zu den negativen Beiträgen geführt haben. Wenn Sie die Absicht kennen, die hinter den Beiträgen steht, dann grenzt sich eventuell der Kreis der für die Verursachung in Frage kommenden Personen ein.

Als Grund für Rufmord im Internet kann nahezu jeder Grund eine Rolle spielen, der im echten Leben auch für eine Straftat ausreichen würde. Ich meine sogar, aufgrund der besseren Chance, ungeschoren davon zu kommen, ist diese Hemmschwelle niedriger. Rufmord kann beispielsweise ausgelöst werden durch schlechten Service oder lange Wartezeiten beim Arzt. Schon wird eine negative Bewertung in mehreren Plattformen erstellt, die sich gewaschen hat und den Sachverhalt dazu noch maßlos übertrieben oder falsch wiedergibt. Das betroffene Unternehmen wird möglicherweise richtig in Schwierigkeiten geraten, wenn es auf Kundenbewertungen angewiesen ist. Solche Bewertungen können auch durch Konkurrenten durchgeführt werden, eine Überprüfung der Identität des Beurteilers erfolgt nicht, bevor seine Beurteilung veröffentlicht wird. Weitere Ursachen für Rufmord reichen von Unbedarftheit über Erpressung und Fanatismus bis hin zur geplanten Diffamierung, um den Nebenbuhler oder die Geliebte des Ehegatten auszuschalten. Mittels Rufmord können also geschäftliche, politische wie auch persönliche Ziele umgesetzt werden.

Rufmordforen - Die Pranger im Internet

Der Internetpranger ist im Ausland längst Realität, es gibt eine Reihe von Websites, auf welchen man ungestört, und, vor allem, ungestraft seine Meinung über andere Personen oder Unternehmen verbreiten kann, ohne dabei ein Blatt vor den Mund zu nehmen. Völlig anonym. Sie werden im Ausland betrieben, damit sie nicht Deutschem Recht unterliegen, oder sie sind ohnehin englischsprachig. Was auf das Gleiche hinauskommt. Es ist nahezu unmöglich, an den oder die Namen der Betreiber zu gelangen, denn diese Foren bedienen sich bestimmter Dienste, die für sie die Website gemietet haben. Es mag sein, dass der Ursprungsgedanke, der zur Gründung dieser Plattformen geführt hat, nicht bösartig gewesen ist. Man wollte eine Möglichkeit bieten, betrügerische Menschen und deren Machenschaften bekannt zu machen, damit nicht weitere Personen auf deren dubiose Geschäftspraktiken hereinfallen. So war es jedenfalls gedacht, und vermutlich funktioniert das auch in vielen Fällen so. Da ist doch sicher nicht wichtig, dass der eine oder die andere auch unschuldig oder aufgrund überzogener Reaktion dort veröffentlicht wird. Zum Leidwesen der dort Veröffentlichten werden die dortigen Diffamierungen meist in den Suchmaschinenergebnislisten relativ hoch angesiedelt, da diese Foren viele Themen zu vielen Namen bieten und gut besucht werden. Das rechnen Suchmaschinen hoch an.

Zudem sind sie meist auch gut besucht, denn die Informationen, die sich auf solchen Foren erhalten lassen, sind nicht ohne. Und wie wie sich eine solche Veröffentlichung genau auswirkt, beschreibe ich nun am Beispiel Ihres Metzgers. Wenn Sie in einem solchen Forum schreiben, dass Ihr Metzger kein frisches Fleisch verkaufen würde oder sein im Angebot befindliches Fleisch eigentlich aus Soja bestünde, jedenfalls zum Teil, dann findet sich Ihre Aussage demnächst zu seiner Namenssuche in den Suchmaschinen.

Es ist natürlich völlig unerheblich, ob der Metzger tatsächlich Soja statt Fleisch verkauft oder nicht. Die Suchmaschine findet den Text, analysiert ihn, speichert ihn ab und veröffentlicht ihn auf Anfrage. Man kommt den Seitenbetreibern des Forums, welche Ihnen eine solche Veröffentlichung erlaubt haben, nicht bei. Denn die ungeprüfte Veröffentlichung der Mitglieder der Plattform erlaubt, jede tatsächlich existierende Person oder jedes Unternehmens mittels erfundener, wahrer oder übertrieben dargestellter Beiträge zu diffamieren. Ganz neu sind Websites, die noch eine Spur weiter gehen und zulassen, dass auch örtliche Ordnungshüter wie Polizisten, Politessen und Angehörige ähnlicher Berufsgruppen beschrieben und namentlich benannt werden können. Solche gibt es sogar in Deutscher Sprache. Die Server stehen allerdings nicht in Deutschland, wie eigentlich auch nicht zu erwarten. Oftmals werden negative Beiträge auf diesen Plattformen übrigens durch Onlinedienste zur Datenspeicherung, etwa Bilderdienste, natürlich ohne deren Wissen und Einverständnis unterstützt.

Die Vorgehensweise ist leicht erklärt. Man veröffentlicht einen Beitrag gegen eine Person oder ein Unternehmen in einem Rufmordforum. Als Beweis werden irgendwelche Dokumente gescant, als Bilddatei gespeichert und auf besagten Bilderplattformen veröffentlicht. Sie werden dann einfach aus dem Forenbeitrag heraus verlinkt. Bilder haben für den oder die Betreiber des Rufmordes allerdings den Nachteil, dass Suchmaschinen diese nicht bestimmten Personen zuordnen können.

Es sei denn, der Name der Person wäre etwa ausdrücklich im Dateinamen vermerkt. Denn der fotografierte Text selbst kann von den Robots der Suchmaschinen nicht verarbeitet werden. Bilder sind also nicht so nützlich wie Text für diese Zwecke und dienen daher nur als Unterstützung eines Rufmordtextes.

Aus dieser Tatsache heraus ergibt sich für das Opfer von Rufmord, dass es niemals feststellen kann, welche Bilder zum Vorgang im Internet veröffentlicht worden sind, es sei denn, im Dateinamen des Bildes würde der Name angeführt. Ob das nun Segen ist oder Fluch, mag jeder selbst beurteilen.

Veröffentlichung von Bildmaterial

Veröffentlichte Bilder und Videos, die Personen in eindeutiger Position zeigen, sind noch immer die vermutlich meist angeklickten Materialien im Web. Da wundert es nicht, dass sich viele Plattformen gebildet haben, welche sexuell orientierte Bilder und Filme frei und für jedermann zugänglich im Web feilbieten. Eine bessere Basis für eine Diffamierung ist kaum denkbar. Der verletzte Liebhaber veröffentlicht ein Video, welches für private Momente gedreht worden ist, oder es werden Bilder ins Web gestellt, welche die ehemals Angebetete fast oder ganz nackt am Strand darstellen, zugleich wird der Name veröffentlicht.

Negative Presse im Internet

Wenn einmal das Interesse an negativen Sachverhalten geweckt worden ist, dann ist die Presse oft zur Stelle, um neben dem Bericht in den eigentlichen Printmedien - der Zeitung - begleitend im Internet Texte zu veröffentlichen, die meist auch kommentiert werden können. Man darf der Presse nicht nachtragen, dass so vorgegangen wird, denn das Geschäft verlagert sich stark auf das Internet, und mit der Veröffentlichung im Web lässt sich noch mittels geschalteter Werbung etwas Geld für den Verlag hinzuverdienen.

Für einzelne Personen oder Firmen hingegen kann sich eine solche Presse als zerstörerisch auswirken, denn in den Suchergebnissen besteht immer eine hohe Relevanz dieser Presseergebnisse. Zudem werden Presseartikel oft auf anderen Internetseiten gespiegelt und somit erneut abgebildet, so dass zugleich mehrere Beiträge bestehen. Die Kommentarfunktion zu diesen Artikeln kann zudem verursachen, dass die Leser Ihren Namen bei der Diskussion zum Thema noch einmal wiederholen. Seien Sie sich hier bewusst, dass Sie, falls Sie sich als im negativen Artikel beschriebene Person zu erkennen geben und mit diskutieren, weitere Angriffe geradezu herausfordern.

Negative Bewertungen durch Dritte

Die schlechteste Art der Unternehmensdarstellung ist die Abhängigkeit von Bewertungsportalen, denn eines fehlt hier völlig: Einflussnahme auf die abgegebenen Bewertungen. Da kann man noch so sauber arbeiten, Fabrikationsfehler oder einen schlechten Tag des Kundenberaters im Frontoffice kann niemand vermeiden. Und dann gibt es ja noch die Konkurrenz, die schlechte Bewertungen abgeben könnte und hierzu eine ganz andere Motivation hat als die tatsächlichen Kunden.

Ebenso nachteilig sind gegen Firmen oder Produkte gerichteten Beiträgen in themenspezifischen Foren. Solche Foren gibt es zu allen möglichen Produkten, von der Einbauküche über den PKW bis hin zum Wohnwagen. Wenn nun jemand in solche Foren bestimmte Beurteilungen oder negativ Erfahrungen anführt, dann wird ihm meist geglaubt, vor allem, wenn man anhand seiner Mitgliedschaft erkennen kann, dass diese Person bereits mehrere Beiträge geschrieben hat. Hier fühlen sich die Betreiber verpflichtet, zur Vermeidung von Repressalien durch die Forenbesucher, möglichst objektive Berichterstattung zu bieten und so wenig Änderungen wie möglich an den Beiträgen durchzuführen.

Würde zu viel eingegriffen, dann blieben blieben die Forenbenutzer aus, und die Werbeeinnahmen lassen plötzlich nach.

Es wird also nur gelöscht, was entfernt werden muss. Wenn Sie nun also innerhalb solcher Foren etwa aufgrund negativ wahrgenommenen Services oder dergleichen benannt werden, stimmen im Regelfall in kurzer Zeit viele andere Betroffene zu oder teilen nur mit, dass es positiv sei, dass in diesem Forum "Ross und Reiter" benannt würden. Die Ergebnisse in Suchmaschinen zum Namen des Unternehmens oder der betroffenen Personen sind in einem solchen Fall denkbar schlecht. Eine Rechtfertigung im Forum wird dann oftmals durch die Mitglieder des Forums gefordert, doch erfahrungsgemäß heizt eine entsprechende Veröffentlichung durch das in Rede stehende Unternehmen die Diskussion im Forum nur weiter an.

Rechtlich wurde im Jahr 2009 durch den Bundesgerichtshof mit Urteil vom 23. Juni 2009 – VI ZR 196/08 entschieden, dass zumindest anonyme Bewertungen innerhalb von Plattformen – konkret ging es hier um die Lehrerbewertungen des Dienstes Spickmich.de, zulässig seien. Diese Bewertungen sind allerdings nicht offen durch Suchmaschinen zu ermitteln. Konkret stellt das Urteil jeweils auf den genau zu prüfenden Einzelfall ab, ob eine Veröffentlichung gegen Schutzrechte verstößt oder nicht.
 Auszug aus der Presseveröffentlichung zum Urteil:

...Unter den Umständen des Streitfalls hat der BGH die Erhebung, Speicherung und Übermittlung der Daten trotz der fehlenden Einwilligung der Klägerin für zulässig gehalten. Zwar umfasst der Begriff der personenbezogenen Daten nicht nur klassische Daten wie etwa den Namen oder den Geburtsort, sondern auch Meinungsäußerungen und Beurteilungen, die sich auf einen bestimmten oder bestimmbaren Betroffenen beziehen. Für die Erhebung, Speicherung und Übermittlung solcher Daten in automatisierten Verfahren gelten grundsätzlich die Vorschriften des

Bundesdatenschutzgesetzes. Die Erhebung und Speicherung von Daten zur Übermittlung an Dritte ist auch ohne Einwilligung des Betroffenen nach § 29 BDSG u.a. dann zulässig, wenn ein Grund zu der Annahme eines schutzwürdigen Interesses an dem Ausschluss der Datenerhebung und –speicherung nicht gegeben ist. Ein entgegenstehendes Interesse der Klägerin hat der BGH nach Abwägung des Rechts auf informationelle Selbstbestimmung einerseits und des Rechts auf freien Meinungsaustausch andererseits für nicht gegeben erachtet.

Die Bewertungen stellen Meinungsäußerungen dar, die die berufliche Tätigkeit der Klägerin betreffen, bei der der Einzelne grundsätzlich nicht den gleichen Schutz wie in der Privatsphäre genießt. Konkrete Beeinträchtigungen hat die Klägerin nicht geltend gemacht. Die Äußerungen sind weder schmähend noch der Form nach beleidigend. Dass die Bewertungen anonym abgegeben werden, macht sie nicht unzulässig, weil das Recht auf Meinungsfreiheit nicht an die Zuordnung der Äußerung an ein bestimmtes Individuum gebunden ist.

Die Meinungsfreiheit umfasst grundsätzlich das Recht, das Verbreitungsmedium frei zu bestimmen.

Auch die Zulässigkeit der Übermittlung der Daten an den Nutzer kann nur aufgrund einer Gesamtabwägung zwischen dem Persönlichkeitsschutz des Betroffenen und dem Recht auf Kommunikationsfreiheit im jeweiligen Einzelfall beurteilt werden. Im Streitfall ist im Hinblick auf die geringe Aussagekraft und Eingriffsqualität der Daten und die Zugangsbeschränkungen zum Portal die Datenübermittlung nicht von vornherein unzulässig. Besondere Umstände, die der Übermittlung im konkreten Fall entgegenstehen könnten, hat die Klägerin nicht vorgetragen.

Es bleibt also zu prüfen, welche Auswirkungen durch negative Beiträge entstehen, und ob Spuren innerhalb von Suchmaschinen zu finden sind.

„Datenschleudern" zu Insolvenzverfahren

Mit Einführung der Insolvenzordnung InSO wurde ermöglicht, die Daten von Insolvenzen im Internet zu veröffentlichen. Allerdings sah bzw. sieht diese Insolvenzordnung ausdrücklich entsprechende Schutzvorrichtungen vor, damit nur diejenigen Kenntnis erhalten, die solche Daten auch wirklich benötigen. Auf keinen Fall war vorgesehen, dass man bei der Namenssuche zu bestimmten Personen dessen bisherige Insolvenzverfahren einfach im Internet sieht. Doch derzeit ist dieser Sachverhalt möglich. Der Bundesbeauftragten für den Datenschutz und die Informationsfreiheit erklärte im 21. Tätigkeitsbericht, dass die derzeitige Praxis, solche Daten ohne Schutz vor Suchmaschinen zu veröffentlichen, im Zweifelsfall gegen die Datenschutzgesetze verstoßen würde. Die Besonderheit ist, dass wohl, da erkannt worden ist, dass die in der InSO geforderten technischen Schutzmaßnahmen nicht umsetzbar sind, derzeit dann diese Daten ohne jeglichen Schutz veröffentlicht und auch durch Dritte gespiegelt werden.

Die entsprechende Veröffentlichung des Bundesbeauftragten für den Datenschutz und die Informationsfreiheit entstammt dem 21. Tätigkeitsbericht aus dem Jahr 2005.

10.8 Veröffentlichungen im Internet
10.8.1 Internetdatenbanken – Pranger oder Wissensdatenbank?
Zunehmend werden Informationen oder Bewertungen von Personen, Unternehmen oder Sachverhalten in Datenbanken gesammelt und im Internet veröffentlicht. Ob es sich dabei um eine berechtigte Informationsweitergabe oder aber um einen mittelalterlichen Pranger in modernem Gewand handelt, ist im Einzelfall zu prüfen. Immer mehr Datenbanken mit „angeblich" unzuverlässigen Schuldnern, Mietern oder Handwerkern werden in das weltweite Web gestellt. Interessengruppen veröffentlichen Informationen über Unternehmen, um auf Defizite in der Wirtschaft hinzuweisen. Auf der Website „Mein-Prof.de" können Studenten Dozenten bewerten.

Auf der Internetseite von Fußballverbänden sind die ungekürzten Urteile des Sportgerichts abrufbar. Darüber hinaus werden Spielersperren bzw. andere Strafen für Spieler durch die Rechtsorgane der Fußballverbände veröffentlicht.

Eine einheitliche rechtliche Würdigung von Datenbanken im Internet ist nicht möglich. In manchen Fällen – wie z. B. bei der Veröffentlichung von Spielersperren – müssen die Vereinsmitglieder bei Eintritt in den Verein eine entsprechende Einwilligungserklärung abgeben. In anderen Fällen sind die zusammengetragenen Fakten, die erst in ihrer Komplexität Bewertungen schaffen, öffentlich zugänglich, wie z. B. bei einem Unternehmen, das anhand von ebay-Profilen Bewertungen über ebay-Mitglieder aufbereitet und neu generiert, die bei ebay selbst in dieser Form nicht abrufbar sind. Bei manchen Bewertungsdatenbanken stellt sich zudem die Abgrenzungsfrage personenbezogener Daten von Meinungsäußerungen. Nicht immer hängt die Frage der Zulässigkeit von Internetdatenbanken von datenschutzrechtlichen Gesichtspunkten ab. Handelt es sich nicht um personenbezogene Daten natürlicher Personen, richtet sich die Zulässigkeit nach zivilrechtlichen oder auch strafrechtlichen Regelungen.

So kann der Inhalt der Veröffentlichung möglicherweise einen Straftatbestand der Beleidigung, üblen Nachrede oder Verleumdung erfüllen oder gegen das Urheberrecht verstoßen. Soweit das Datenschutzrecht einschlägig ist, wird in die Beurteilung der Zulässigkeit der einzelnen Datenbank eine Interessenabwägung einfließen müssen.

In vielen Fällen besteht ein unbestreitbares Informationsinteresse an der Veröffentlichung. Es müssen aber auch hier die Interessen der Betroffenen berücksichtigt werden. So kann es z. B. für einen „angeblichen" Schuldner gute Gründe geben, die Forderung nicht zu begleichen, wenn er sie nicht anerkennt. Zu berücksichtigen ist in jedem Einzelfall auch die Besonderheit von Veröffentlichungen im Internet.

Allen Internetdatenbanken ist gemeinsam, dass die Informationen an eine weltweite, unbestimmte und grundsätzlich unbegrenzte Öffentlichkeit gelangen. Die Nutzbarkeit der Daten wird durch eine Vielzahl von Suchdiensten erleichtert, die nicht allein das Auffinden der Information ermöglichen, sondern auch die Informationsverknüpfung unter Einbeziehung anderer im Netz verfügbarer Inhalte. Darüber hinaus ist davon auszugehen,dass die Informationen im Internet für einen langen oder gar unbegrenzten Zeitraum bereitgehalten werden. Datenbanken müssen auch im Internet bestimmten Regeln unterliegen.

Betreiber dürfen durch die Veröffentlichung negativer Informationen Menschen nicht schutzlos einem weltweiten Publikum preisgeben. Ich werde daher die Entwicklung weiter beobachten und daraufhin prüfen,ob die bestehenden Sanktionsmöglichkeiten ausreichend sind.

10.8.2 Insolvenzbekanntmachungen in Zukunft nur noch elektronisch
Der Trend zum endgültigen Abschied von Printveröffentlichungen bei amtlichen Bekanntmachungen setzt sich fort.

Damit darf jedoch das technisch machbare Schutzkonzept nicht aufgegeben werden. Wie das zum 1. Januar 2007 in Kraft getretene Gesetz über elektronische Handelsregister und Genossenschaftsregister sowie das Unternehmensregister (EHUG) setzt auch das Insolvenzrecht zukünftig auf elektronische Bekanntmachungen. Der Entwurf eines Gesetzes zur Vereinfachung des Insolvenzverfahrens (Bundesratsdrucksache

549/06) sieht eine völlige Abkehr von den Printveröffentlichungen und als Regelfall nur noch die bislang fakultativ mögliche (§ 9 Abs. 1 Satz 1 Insolvenzordnung (InsO) elektronische Bekanntmachung im Internet vor. Sämtliche Insolvenzbekanntmachungen sollen auf einer bundeseinheitlichen Internetplattform dokumentiert werden und auf diese Weise die Senkung der Bekanntmachungskosten bewirken und die Recherchemöglichkeiten verbessern.

Auf der anderen Seite aber berührt dieser „Medienwechsel" die Persönlichkeitsrechte der betroffenen Insolvenzschuldner in einer anderen Qualität, da die Daten nun weltweit von jedermann abgerufen werden können. Zudem besteht die Gefahr, dass die Daten auch dann noch im Internet gefunden werden können, wenn sie von der eingebenden Stelle längst gelöscht wurden, da Originalseiten auf anderen Internet-Servern gespiegelt werden. Die Gewährleistung des erforderlichen Datenschutzniveaus ist daher von entscheidender Bedeutung. Bisher maßgeblich sind die nach den Vorgaben des § 9 Abs. 2 Satz 3 InsO vom Bundesministerium der Justiz in der Rechtsverordnung vom 12. Februar 2002 (BGBl. I S. 677) – unter meiner Beteiligung – getroffenen Regelungen.

Diese enthalten insbesondere Löschungsfristen sowie Vorschriften, die sicherstellen, dass die Veröffentlichungen unversehrt, vollständig und aktuell bleiben, jederzeit ihrem Ursprung nach zugeordnet und nach dem Stand der Technik durch Dritte nicht kopiert werden können. Auf Betreiben des Bundesrates ist nun bereits mit Wirkung zum 1. Januar 2007 die bisher in § 9 Abs. 2 Satz 3 Nr. 3 InsO enthaltene Kopierschutzregelung entfallen (Artikel 12 Abs. 2 EHUG), weil sie nach dem gegenwärtigen Stand der Technik weitgehend leer laufe. Ich halte dies vor dem Hintergrund der Umstellung ausschließlich auf den elektronischen Betrieb nicht für das richtige Signal.
Der Gesetzgeber ist vielmehr in der Pflicht, im Interesse der Persönlichkeitsrechte der Betroffenen ausdrücklich klarzustellen, dass die Verbreitung der Insolvenzdaten durch Dritte im Internet – insbesondere nach Löschung der Veröffentlichung aus dem amtlichen Informationssystem – verboten ist. Auch wenn ein hundertprozentiger Kopierschutz technisch tatsächlich nicht möglich ist, so wird mit dem Festhalten an dieser Forderung jedenfalls das technisch machbare Schutzniveau vorgeschrieben. Dies kann nicht ersatzlos entfallen.

Zumindest muss über technische und rechtliche Alternativen nachgedacht werden, wie zukünftig wirkungsvoll verhindert werden kann, dass amtlich bekannt gemachte personenbezogene Daten missbräuchlich genutzt werden. Hierbei handelt es sich angesichts des allgemeinen Trends zur Internetveröffentlichung nicht um ein speziell insolvenzrechtliches, sondern um ein grundsätzliches datenschutzrechtliches Problem. Im Hinblick auf technische Möglichkeiten zum Schutz von Internetveröffentlichungen hilft u. U. ein Blick auf Verfahren, durch die kommerzielle Urheberrechte geschützt werden sollen (vgl. Nr. 6.6). Ein möglicher rechtlicher Ansatzpunkt ist die Bewehrung durch eine Straf- bzw. Bußgeldvorschrift. Hierüber diskutiere ich bereits mit meinen Länderkolleginnen und -kollegen. Darüber hinaus sind die bestehenden zivilrechtlichen Unterlassungs- und Schadensersatzansprüche auf ihre Effizienz und möglichen Nachbesserungsbedarf hin zu überprüfen. Den hierfür federführenden Ressorts biete ich meine Unterstützung an.

Demgemäß besteht derzeit kein Anspruch, dass diese Daten aus dem Web gelöscht werden.

Sollten Sie persönlich oder Ihr Unternehmen bereits in einem Insolvenzverfahren behandelt worden sein, empfehle ich, entsprechende Datenspuren zu verfolgen, zu dokumentieren und um Löschung zu bitten. Sollte dies nicht möglich sein, sollten Sie erwägen, den neuen Firmennamen von der insolventen Firma deutlich zu trennen.

Lassen sie also nach einer Insolvenz den Firmenauftritt im Internet löschen, versuchen Sie, alle Zusammenhänge zu eliminieren. Niemand wird ein Unternehmen, welches kürzlich insolvent war, mit einem Großauftrag versehen wollen.

Kapitel 7 Eliminierung von Daten im Internet

Bestandsaufnahme

Dieses Kapitel behandelt die Löschung von Daten im Internet, wir treten also moränengleich aus dem Korallenriff aus und schnappen nach den kleinen widerlichen Biestern! Bevor wir uns nun mit meiner vermutlich nicht vorhandenen Eignung zum Motivationstrainer befassen, fangen wir lieber mit der Bestandsaufnahme an. Hier ist nicht gemeint, wie man Namenszuordnungen im Internet findet, also die Suchmaschinenvita im Internet erstellt. Falls Sie das nicht wissen, lesen Sie bitte noch einmal Kapitel eins. In diesem Kapitel geht es um die Löschung von Einträgen aus dem Internet. Hierbei spielt es keine Rolle, ob es um Ihre eigenen Einträge geht und Sie nur die Passworte nicht mehr kennen, um diese zu löschen, oder um Einträge Dritter. Die Vorgehensweise beginnt mit der Dokumentation. Am besten erstellen Sie sich einen separaten Ordner für den Vorgang auf dem Desktop Ihres Computers. Benennen Sie den Ordner einfach „Löschung", dann öffnen Sie ihn.

Öffnen Sie ein Textverarbeitungsprogramm, und erstellen Sie eine Textdatei. Beginnen Sie, indem Sie sich Datum und Uhrzeit der Analyse notieren. Sie haben angefangen, etwas gegen die Einträge im Internet zu tun, die Sie stören. Das ist ganz wichtig. Sie haben angefangen.

Öffnen Sie nun ein Bildbearbeitungsprogramm am PC, etwa Paint. Ich empfehle den Einsatz des Programms Paint.net, aber Paint reicht vollkommen aus und ist meist ein Bordmittel in Windowsbetriebssystemen. Falls Sie ein anderes Betriebssystem nutzen, sind Sie vermutlich so versiert, dass ich Ihnen die Öffnung eines Programms nicht erklären muss. Sie finden Paint so: Start – Zubehör – Paint.

Alternativ können Sie das Programm Paint auch mit der Suchfunktion innerhalb von Windows finden, geben Sie einfach „Paint" ein und lassen Sie den Computer für sich arbeiten. Wenn das Programm geöffnet ist, klicken Sie es klein, aber schließen Sie es nicht. Rufen Sie im Browser die Website auf, welche entsprechende Informationen enthält, die Sie gelöscht haben möchten.

Kopieren Sie die Adresse der Website aus der Browserzeile unter Nutzung der rechten Maustaste und übertragen Sie diese in Ihren Text. Öffnen Sie wieder den Browser, so dass er das Bild ganzseitig füllt. Achten Sie darauf, dass Sie alle wichtigen Details sehen. So etwa Name des Urhebers des Beitrags im Forum, Forenzeitstempel, Text der Mitteilung. Dann betätigen Sie die Taste „Drucken", sie befindet sich in der oberen Zeile Ihrer Tastatur auf der rechten Seite. Sie dürfte die dritte Taste von rechts sein, es sei denn, Sie stehen auf technische Spielereien an der Tastatur und haben noch ein paar Extratasten. Verhelfen Sie nun wieder dem Paintprogramm zur ganzseitigen Bildschirmpracht und betätigen Sie - Bearbeiten – Einfügen - . Das Bildschirmfoto ist jetzt im Paintprogramm zu sehen.

Nun müssen Sie das Bild noch abspeichern. Betätigen Sie Datei – Speichern unter und wählen Sie am besten erst einmal den Desktop. Was man hier speichert, findet man schnell. Wählen Sie als Dateiformat das Format .gif aus, das ist ein für das Internet entwickeltes komprimiertes Format. Nachdem Sie das Bild gespeichert haben, können Sie es mit dem Befehl Einfügen – Bild in Ihr Textverarbeitungsprogramm integrieren. Falls Sie möchten, können Sie die Größe des Bildes noch verändern. Entsprechende Hilfe sollte sich zeigen, wenn Sie mit der Maustaste über die Ränder des Bildes gleiten. Nun schreiben Sie noch unter das Bild, was genau Sie stört, und welche Folgen Sie aus dieser Veröffentlichung befürchten.

Wenn weitere Internetseiten ebenfalls zu revidierende Inhalte haben, sollten auch diese abgebildet werden. Am Ende erhalten Sie Ihren Arbeitsbogen, den Sie nun abarbeiten müssen. Sie wissen zwar nicht, ob Sie wirklich alle Spuren eliminieren können, aber Sie können immerhin sicher sein, alles getan zu haben, was Ihnen möglich ist, und zugleich Ihre Bemühungen dokumentiert zu haben. Das Wichtigste ist: Hinsehen. Etwas tun.

Ermittlung der Verantwortlichen – Denic und Whois-Abfragen

Mittels der beiden Dienste Denic.com für Websites mit der Endung .de und der Abfrage whois.com für Webseiten mit allen anderen Endungen wie etwa .com, .org oder .net können Sie nun ermitteln, wer hinter dem Angebot steckt, welches den zu löschenden Beitrag beinhaltet, falls kein Impressum auf der Website vorhanden ist. In Deutschland ist dies zumindest bei gewerblichen Websites vorgeschrieben, dazu zählen mittlerweile auch private Internetseiten, die Werbung vorhalten. Hier wird eine Gewinnerwerbsabsicht unterstellt, die ein Impressum erfordert. Bedenken Sie, dass der Betreiber der Internetseite möglicherweise keine Ahnung hat, dass Sie Schwierigkeiten mit der Veröffentlichung auf seinem Internetangebot befürchten oder sogar schon haben. Seien Sie also freundlich, das führt eher zum Ziel.

Wenn Sie nun auf eine Website stoßen, die wie folgt lautet: Name.name2.de, dann handelt es sich um eine Unterdomain. Die echte Domain heißt in diesem Beispiel name2.de, die hintere Endung nach dem Punkt verrät sie.

Handelt es sich um eine Domain, die Unterdomains an Dritte untervermietet, beispielsweise zu erkennen an der Endung de.vu, dann wenden Sie sich an den Betreiber. Der hat im Regelfall eine Kontaktadresse auf seiner Website, da er diesen Dienst ja vermarktet.

Sollte die Internetseite im Ausland befindlich sein oder internationale Endungen besitzen wie beispielsweise .com, dann sollte der Dienst whois.com weiterhelfen. Geben Sie oben in das Suchfeld die Adresse ein, verzichten Sie auf die Endung und den Punkt. Wählen Sie die Endung mittels des richtigen Häkchens aus (Choose your Extension).

Nach der Suche drücken Sie das Feld „whois", dann werden Sie aufgefordert, eine Zahlenreihe einzugeben, die als Bild angezeigt wird. Da soll verhindern, dass automatisierte Programme die Suchfunktion nutzen. Wie lange das noch funktioniert, werden wir sehen, aber derzeit können Programme noch keine Bilder lesen, nur Texte. Hier ist unser Verstand den Maschinen voraus. Jedenfalls noch.
Das Ergebnis: Sie sehen, welche Organisation zuständig ist und erhalten sogar die E-Mailadresse.

Grundsätze zur Kontaktaufnahme

Damit die Daten auch tatsächlich gelöscht werden, empfiehlt sich, in aller Ruhe den Text vorzubereiten, der zur Kontaktaufnahme verwendet werden soll. Ratsam ist es, bei seriösen Diensten, etwa innerhalb Deutschlands, Ihren Namen, den Link, der zu verändern bzw. zu löschen ist, und den Grund anzugeben. Rufen Sie, falls möglich, erst einmal an und schildern Ihr Problem.
Auch bei anderen Diensten ist ein Anruf oft der richtige Weg, Sie durchbrechen mit dem Gespräch die Kette E-Mail – Forum. Sie nutzen einen Dienst, der nicht zum anonymen Internet passt. Anrufe sind persönliche Kontakte, welche Betreiber von Foren oder Plattformen eher meiden, da sie nicht so transparent und klar zu handeln sind wie E-Mails. Wenn Sie also den Anbieter ausgemacht haben, dann versuchen Sie, seine Telefonnummer zu ermitteln. Eine weitere Möglichkeit, die gerade bei Firmen und Organisationen wirksam ist, wäre dann der gute, alte Brief. Das Blatt Papier, nämlich Ihr Brief, lässt sich erfahrungsgemäß nicht in den Papierkorb auf

dem Desktop verschieben. Es muss also bearbeitet werden, um zu verschwinden.

Falls Sie dennoch eine E-Mail schreiben möchten, oder müssen, weil ein anderer Kontakt nicht möglich ist, fassen Sie sich kurz und bitten um Löschung. Bedenken Sie, dass E-Mails, falls man Ihnen nicht wohlgesonnen sind, ebenfalls veröffentlicht werden könnten, um zu dokumentieren, wie sehr Ihnen eine entsprechende Veröffentlichung zusetzt. Falls Ihre E-Mail nicht zum Ziel führt, weil niemand antwortet, dann besteht die Möglichkeit, den Anbieter mittels seiner Geschäftsadresse oder seiner E-Mailadresse doch noch in den Weiten des Internets aufzuspüren. Eventuell hat er noch andere Firmen, über die man ihn kontaktieren kann, und vielleicht ist ihm Ihre Kontaktaufnahme sogar unangenehm? Ich will Sie nicht zum „stalken" einladen. Aber ich habe einmal eine Löschung in einem amerikanischen Forum erzielt, indem ich unter Zuhilfenahme der auf der Firmenseite des Eigentümers befindlichen Stellenbörse erfolgreich Kontakt aufgenommen habe. Dort war einfach die einzige E-Mailadresse, die ich zur Person gefunden hatte. Apropos: Falls Ihr Anliegen in Englisch vorgebracht werden muss, und Sie diese Sprache nicht sicher beherrschen, lassen Sie sich bitte helfen, ehe Sie da radebrechend Ihr Anliegen vortragen.

Löschen von Ergebnissen aus Presseberichten

Wenn Sie nun Presseberichte zu Ihrem Unternehmen oder zu sich selbst im Internet finden, sollten Sie, wenn diese nicht deutlich positiv sind, schriftlich Kontakt zum Verlag aufnehmen und freundlich um Löschung bitten. Aber nicht, ohne vorher Folgendes durchzuführen: Erstellen Sie einen Ordner, in welchem Sie ein Bild des Artikels (Screenshot) ablegen. Erstellen Sie ein weiteres Bild, in welchem die Auswirkungen auf die Suchergebnisse, beispielsweise die Suchergebnisliste zum Unternehmen oder zu Ihnen persönlich, dargestellt werden. Beides sollte ausgedruckt und, mit einem höflichen Anschreiben versehen, an den Verlag gesendet werden.

Im Anschreiben sollten die möglichen Folgen der Berichterstattung für das Unternehmen und die Arbeitsplätze geschildert werden, oder für die eigene Person, wenn die Berichterstattung nicht aus dem Web entfernt wird.

Sollten entweder keine Reaktion auf Ihren Wunsch zur Löschung der Presseberichte oder eine Ablehnung die Folge sein, dann bleibt, wie immer im Leben, eine höhere Instanz um Vermittlung zu bitten.

Hier bieten sich Presserat, Rundfunkrat oder Kontrollgremien von Gesellschaften an, je nachdem, um welche Rechtsform es sich beim Publizisten des in Rede stehenden Mediums handelt. Sollte auch hier kein Erfolg zu verzeichnen sein, dann ist zu überlegen, je nach Art der Auswirkungen des Pressebeitrags, rechtliche Schritte einzuleiten oder diese Beiträge auf hintere Ergebnislisten zu verdrängen.

Löschen von Bild- und Filmmaterial

Einmal auf Filesharingbörsen, dann sind die Daten für immer im Umlauf und können nicht mehr zurückgeholt werden. Das ist die landläufige Meinung derjenigen, die dort, gewollt oder nicht gewollt, zu finden sind. Oft werden Videos der Musikplattform Youtube dort weiterverbreitet, oder Daten aus einem Leck, einem sogenannten „Leak", kommen ins Internet. Ein Leak ist eine undichte Stelle, inzwischen erhalten solche Leaks ja auch politische Bedeutung, etwa im Falle der Differenzen in Afghanistan. Hier wurden die Aufzeichnungen der Soldaten mittels eines Leaks veröffentlicht. Meist befinden sich diese Leaks aber eher im privaten Umfeld. Irgendwie gelangt irgendwer in den Besitz nicht freigegebener Bilder, Videos oder sonstigen privaten Daten. Die Beziehung endet. Der ehemalige Partner, die ehemalige Partnerin ist sauer und veröffentlicht die Aufnahmen, die doch eigentlich privat waren. Rache wird am besten kalt serviert.

Und was ist schöner, beispielsweise für Arbeitskollegen, als zu wissen, dass Bilder des beruflichen Kontrahenten in prekärer Situation per Filesharing zu erhalten sind? Filesharingbörsen sind bezeichnenderweise Datenaustauschbörsen. Man gibt Daten und nimmt Daten. Diese sind meist nicht legal, sie dienen zum Tauschen von Liedern im MP3-Format, schlecht abgefilmten Kinofilmen, privaten Filmen oder Bildern, die besser unveröffentlicht blieben.

Es gibt das zwei Sorten: Das Peer-to-Peer-Netz oder der Download mittels Online-Datenspeichern. Beim Peer-to-Peer-System werden die Daten zwischen mehreren Computern ausgetauscht, die mittels einer bestimmten Software verbunden sind. Die Online-Datenspeicher hingegen erlauben einfache Uploads und Downloads von Dateien, ohne, dass ein Datenaustausch zwischen mehreren Computern stattfindet. Es handelt sich hier, einfach ausgedrückt, um Festplatten im Internet. Die Betreiber durchsuchen die Inhalte nicht, die hier abgelegt werden, dazu sind sie auch nicht verpflichtet. Sie werden daher nur tätig, wenn sie auf gewisse Inhalte hin angesprochen werden, die nicht legal sind. Das nutzen die Anbieter von illegalen Downloads. Sie laden diese auf die Festplatten und verlinken sie auf ihren Portalen. Betrieben werden die Portale ebenfalls im Ausland, eine Identifizierung der Inhaber dürfte sich recht schwierig gestalten. Beide Systeme, Peer-to-Peer und Nutzung von Onlinefestplatten, haben gemein, dass eine Website die Inhalte bewirbt. Diese Werbung ist viel schädlicher als die Inhalte, denn die Werbung verrät den Namen. Die Chance, im Internet zufällig auf einen Film zu stoßen, der eine Bekannte oder einen Bekannten als Darsteller, freiwillig oder nicht, enthält, halte ich für mikroskopisch klein.

Wenn ein Film, ein Bild oder eine sonstige Datei aber nun einen Namen enthält, oder, im Falle von Kino-, oder, ich muss es jetzt mal ausschreiben, Pornofilmen, eventuell auch auf der Website Werbung durchgeführt wird, dann sind Name und Film verknüpft.

Hier sollte man die Betreiber mittels deren E-Mailadresse kontaktieren und um Umbenennung der Datei oder Löschung des Namens in der Werbung bitten. Vermutlich wird darauf eingegangen, die Wahrscheinlichkeit ist jedenfalls recht hoch, da man dort nicht an der Diffamierung von Personen interessiert ist. Dann wird zumindest der Name nicht mehr im Kontext mit dem Film oder Bild ermittelt. Die Suchmaschinenvita ist quasi „sauber".

Die Verteilung des Films selbst kann man vermutlich nicht stoppen, und man muss diesen Vorgang oft wiederholen, da es immer neue Filmbörsen gibt, die eventuell wieder den Namen veröffentlichen. Zugleich sollte man, falls die Daten per Filsharingdienst angeboten werden, diesen Dienst anschreiben und um Löschung der Dateien bitten. Das wird im Regelfall sofort ausgeführt. Filesharingdienste selbst sind in der Regel ebenfalls nicht an Ärger interessiert. Das Ganze können Sie übrigens natürlich auch dann durchführen, wenn Sie einmal an der Veröffentlichung interessiert waren, aber jetzt nicht mehr. Das Leben ist wechselhaft, und Sie bestimmen immer noch, jedenfalls nach Deutschem Recht und mit Einschränkungen, was über Sie veröffentlicht werden soll und was nicht. Haben Sie schließlich den Namen entfernen lassen, sieht die ganze Sache mit der Suchmaschinenvita im Internet vermutlich schon viel besser aus.

Löschen persönlicher Daten in Foren

Die Einträge in Foren können auf zweierlei Weise entstanden sein. Entweder haben Sie diese selbst erstellt, oder andere haben über Sie geschrieben. Soweit ist das ja erst einmal logisch, nicht wahr? Nehmen wir einmal an, Sie selber haben diese Beiträge veröffentlicht. Dann sollte eigentlich die Möglichkeit bestehen, sich mittels der einmal erworbenen Mitgliedschaft, die nahezu immer erforderlich ist, einzuloggen und entsprechende Änderungen selbst vorzunehmen. Falls Sie die Kennung nicht mehr haben, dann sollten Sie die meist vorhandene Möglichkeit nutzen, sich das Passwort zusenden zu lassen.

Falls Sie hier, aus welchen Gründen auch immer, nicht weiterkommen, sollten Sie einen Moderatoren oder den Inhaber des Forums kontaktieren. Im Normalfall sollten die Zusendung des Benutzernamens wie auch des Passwortes möglich sein. Falls Sie keinen positiven Kontakt herstellen können, da Ihre Identität nicht zu beweisen ist, verweisen Sie darauf, dass Ihr Name in diesem Forum veröffentlicht wird, und bitten Sie um Löschung des Namens. Möglicherweise sind im sogenannten Quelltext des Forums ebenfalls Hinweise zu Ihrem Namen entstanden. Auch diese sollten gelöscht werden.

Um selbst herausfinden, ob im Quelltext Daten über Sie gespeichert wurden, können Sie im Browser, wenn Sie eine Website geöffnet haben, die Ansicht Quelltext auswählen. Sie sehen die Website dann genau so, wie ein Suchmaschinenprogramm diese sieht. Meist ist diese Funktion bereits zu erreichen, wenn Sie über die Website gleiten und dann einfach die rechte Maustaste drücken. Das nennt sich kontextsensitiv und soll die Handhabung der Maus erleichtern, und das ist tatsächlich so.

Sollten Sie die Beiträge nicht selbst veröffentlicht haben, sondern Dritte, dann müssen Sie behutsamer vorgehen. Hier werden die Forenbetreiber abwägen, ob Sie nun tatsächlich ein Interesse an der Löschung haben, und wie die Löschung durch die anderen Mitglieder bewertet würde, die dem Forenbetreiber unter Umständen Zensur vorwerfen könnten. Daher ist mein Rat, sich dem Betreiber vorzustellen, und um Entfernung der Beiträge zu bitten. Schreiben Sie nicht zu viel, da die E-Mail ebenfalls veröffentlicht werden könnte. Bitten Sie freundlich um Löschung. Setzen Sie sich selbst als Empfänger der E-Mail ein, so haben Sie eine zweite Dokumentation der Versendung. Falls es sich um ausländische Foren handelt, oder die Sprache nicht Deutsch ist, bitten Sie im Bekanntenkreis um Hilfe, um ein entsprechendes Anschreiben in der richtigen Sprache zu erstellen.

Sollten Sie sich hier nicht helfen lassen können, ist es eventuell auch möglich, die Botschaft der Bundesrepublik Deutschland in dem Land, in welchem der Betreiber der Website seinen Wohnsitz hat, zu bitten, Ihnen beizustehen. Hier wird man Ihnen sicherlich gerne weiterhelfen und Ihnen vermutlich Hinweise geben können, oder auch Ihr Anliegen in der Landessprache übersetzen können. Hier können Sie auch getrost in Deutsch schreiben.

Löschen von Daten in Auskunfteien

Auskunfteien sind die Nachfolger des guten, alten Telefonbuches. Sie dachten möglicherweise, dieses ist ersatzlos verschwunden? Das stimmt so nicht ganz, denn noch immer ist das Telefonbuch vorhanden, und zwar Online. Und wer sich heute für einen Eintrag entscheidet, der wird seine Adresse dann zumeist auch in vielen anderen Plattformen wiederfinden, welche die Adressen untereinander austauschen. Wenn Sie dort mit Namen, Adresse und Telefonnummer zu finden sind, sollten Sie sich an die jeweilige Adresse im Impressum wenden und um Löschung der Daten bitten. Bedenken Sie, dass viele dieser Anbieter Daten von anderen Anbietern übernehmen, daher müssen Sie alle im Internet befindlichen Adressen löschen lassen, ehe Sie sicher sein können, hier nicht mehr gefunden zu werden.

Ganz wichtig ist es, den Urheber der Einträge zu ermitteln. Gegen über irgendeiner Stelle, vermutlich Ihrem Telefondienstanbieter, müssen Sie irgendwann die Einwilligung gegeben haben, dass Ihre Adresse im Telefonbuch und den damit zusammengehörenden elektronischen Medien übermittelt werden darf. Sie müssen also Ihre Erklärung widerrufen, dass Sie mit der Veröffentlichung und der Weitergabe von Daten in elektronischen Medien und auf CD´s nicht einverstanden sind.

Löschen von Daten auf Bewertungsplattformen

Wenn Sie angewiesen sind auf Bewertungsplattformen, dann sollten Sie Kontakt aufnehmen, wenn Ihnen gewisse Bewertungen nicht gefallen. Diese Plattformen sind mitunter großzügig und entfernen negative Bewertungen. Oftmals kann man erkennen, dass ein negative Beurteiler bisher nur sehr wenige Beurteilungen ausgesprochen hat, so dass die Vermutung naheliegt, dass die Konkurrenz ihre Finger mehr oder weniger im Spiel hatte. Suchen Sie den Namen des Beurteilers zusätzlich im Internet, und prüfen Sie, ob es weitere Bewertungen gibt. Falls der Bewerter nicht erneut in den Suchmaschinenergebnissen vorkommt, ist die Vermutung nahestehend, dass man Ihnen schaden möchte.
Führen Sie Ihre Vermutung in der Begründung an.

Schwieriger gestalten sich die Löschungen in themenorientierten Foren, da die Betreiber meist gegenüber den Mitgliedern beweisen wollen, dass ihr Forum quasi Ross und Reiter benennt. Erfahrungsgemäß lassen sich auch hier Verbesserungen erzielen, wenn man Verhandlungen mit dem Betreiber beginnt, aber Sie müssen hier die Nerven behalten. Vermutlich wird der sogenannte „Thread" zum Unternehmen nicht gelöscht, aber Worte wie "Betrug" sollten durchaus zu entfernen sein. Ob man sich innerhalb des Forums als Inhaber eines Unternehmens zu den Beiträgen äußern sollte, ist schwer zu entscheiden. Einerseits kann die Nutzung des Forums bedeuten, dass man sein Einverständnis zur Veröffentlichung gibt, andererseits kann es die Besucher beruhigen. Aha, es ist ein Kontakt zum Unternehmen entstanden. Eine weitere Möglichkeit ist, zum Thema eine PDF-Datei zu erstellen und auf der eigenen Website wie auch auf einigen Newsseiten zu veröffentlichen. Hierbei sollte nicht genau auf das Forum eingegangen werden, vielmehr sollte, wenn beispielsweise der Service angeprangert wird, eine Darstellung des guten Services des Unternehmens, am besten anhand von Beispielen oder Kundenstimmen, dargestellt werden.

Löschen von Daten in Diffamierungsforen

Sollten Sie in Foren, die speziell zur Diffamierung von Firmen oder Personen erstellt worden sind, erwähnt werden, ist es schwierig, entsprechende Veröffentlichungen löschen zu lassen. Solche Foren wurden, vermutlich durch Betroffene, gegründet, um andere vor Betrügereien hinsichtlich von Anlagegeschäften, Immobilienhandel im Ausland und anderen Delikten zu bewahren. Sinn ist es, bei der Suche nach bestimmten Personen mittels solcher Websites auf entsprechende Berichte zu stoßen und so gewarnt zu werden. Sie sind so angelegt, dass der Eigentümer der Foren verständlicherweise nicht oder nur sehr umständlich zu ermitteln ist. Generell rate ich, bei der Bearbeitung einer Löschung solcher Beiträge hartnäckig zu sein.

Falls es keine Kontaktadresse gibt, können Sie eine Mitgliedschaft erstellen, um einen Moderatoren des Forums anzusprechen und nach der Kontaktadresse zu fragen. Moderatoren arbeiten meist ehrenamtlich und finden sich in den meisten Boards. Der Moderator sollte in der Lage sein, entsprechend Auskunft zur Kontaktadresse herauszugeben. Falls das nicht gelingt, versuchen Sie, mittels einer Suche in Suchmaschinen den Inhaber herauszufinden und spüren Sie geschäftliche Kontakte des Inhabers auf. Nutzen Sie die E-Mailadresse des Forums, falls bekannt, und geben Sie diese in die Suchmaschine ein, eventuell entdecken Sie Zusammenhänge. Notieren Sie Ergebnisse in Ihrer Bestandsaufnahme.

Sehen Sie sich auch den Namen des Nutzers an, der über Sie geschrieben hat. Ist eine E-Mailadresse zu erkennen? Hat er mit diesem Namen noch andere Beiträge veröffentlicht, etwa in einem anderen Forum? Googeln Sie nach Lust und Laune. Nehmen Sie freundlich Kontakt mit anderen Personen auf, die denselben Nutzernamen haben, und fragen, ob die Veröffentlichung, welche gegen Sie gerichtet ist, auch von ihm sei. Er oder sie wird es nicht zugeben, aber registrieren, dass Sie ihm auf die Schliche gekommen sind, falls er oder sie verantwortlich ist.

Gehen Sie auch davon aus, dass es einen Grund gibt, Sie zu diffamieren. Wer könnte ein Interesse daran haben? Kollegen, Konkurrenten, Nebenbuhler, ehemalige Partner der neuen Beziehung, Kunden, die sich betrogen fühlen, alles ist denkbar. Erstellen Sie eine Liste der Personen, die in Frage kommen, und vergessen Sie niemanden, sei es auch noch so unwahrscheinlich. Wenn Sie eine Liste erstellt haben, dann suchen Sie diese Namen im Internet. Sehen Sie sich um, welche dieser Personen gegebenenfalls im Internet aktiv ist. Auf die Idee, Sie im Internet zu diffamieren, kommt man meist nicht einfach so, das setzt schon eine relativ hohe Grundlage an Wissen voraus. Prüfen Sie daher, was die in Frage kommenden Personen sonst so im Internet veranstalten.

Falls Sie in einem Forum diffamiert werden, in welchem der Anbieter sich zu erkennen gibt, seien Sie vorsichtig. Er darf das vermutlich in seiner Heimat, und falls Sie Kontakt aufnehmen, wird er Ihre E-Mail eventuell auch veröffentlichen. Schreiben Sie hier nur, dass diese Beiträge gelöscht werden sollen, erstellen Sie sich für diese Kontaktanfrage eine eigens hierzu erstellte E-Mail bei einem Anbieter freier E-Mailadressen. Sie verhindern damit, dass Ihre persönliche E-Mailadresse ebenfalls noch veröffentlicht wird, und es gibt den weiteren Vorteil, dass der E-Mailverkehr separat abgespeichert wird.

Was Suchmaschinen an Hilfestellung bieten

Google.de bietet ebenfalls eine Möglichkeit, Websites aus den Suchergebnissen zu entfernen. Diese sind dann natürlich nicht tatsächlich weg, sie werden nur aus den Festplatten von Google.de entfernt. Das ist ein enormer Aufwand, denn die Suchprogramme finden diese Einträge ja immer wieder neu, und schon wieder müssen diese dann entfernt werden. Das haben Sie eventuell schon einmal gesehen: Das Suchergebnis kann aus rechtlichen Gründen nicht angezeigt werden, steht mitunter in den Suchmaschinenergebnislisten.

Mit Stand Juli 2011 wird Google nach eigenen Angaben tätig, wenn folgende Sachverhalte vorliegen:

- Ihre Sozialversicherungs- oder Personalausweisnummer wird veröffentlicht.
- Ihre Konto- oder Kreditkartennummer wird veröffentlicht.
- Ein Bild Ihrer handschriftlichen Unterschrift wird veröffentlicht.
- Ihren Vor- und Nachnamen oder den Namen Ihres Unternehmens, wenn sie auf einer Website mit nicht jugendfreien Inhalten angezeigt werden, die in den Google-Suchergebnissen als Spam aufgeführt wird, wird veröffentlicht.

Die Entscheidung, wirklich tätig zu werden, liegt selbstverständlich bei Google.de Stellen Sie sich die Anzahl an täglichen Anfragen bei Google.de vor, wenn alles Unangenehme sofort gelöscht würde. Und was für Ergebnisse Sie dann noch erwarten könnten, wenn Sie etwas im Web suchen würden. Nun gut, und wie kommen Sie zu dieser Hilfestellung?

Geben Sie einfach in die Suchmaschine folgenden Text ein: *Entfernen einer Seite oder Website aus den Suchergebnissen von Google.* Klicken Sie das erste Ergebnis an, danach unten den Link *Eine Website veröffentlicht meine vertraulichen persönlichen Informationen.*

Der Rest ist selbsterklärend. Notieren Sie Ihre Anfragen, falls niemand reagiert und Sie Google Hamburg einen Brief schreiben müssen.

Sie können auch veraltete Informationen löschen lassen, die auf der Originalseite nicht mehr vorhanden sind, wenn Sie die Webmastertools nutzen. Hierzu ist ein Google.de Account erforderlich, der kostenlos angelegt werden kann. Wie das geht, habe ich im Kapitel Datenpflege im Internet beschrieben. Ein solches Konto kann auch für diese Zwecke angelegt und verwendet werden. Aber es gibt nicht nur Google.de, auch wenn man das oft meint.

Alexa, zu finden unter der Webadresse http://www..alexa.com ist eine Suchmaschine, die auf jeden Fall genutzt werden sollte, um Daten über Betreiber von Websites aufzufinden. Sie bietet, leider nur in Englisch, meines Erachtens weitaus umfassendere Recherchemöglichkeiten als andere Suchmaschinen. So kann man den Rang von Webseiten sehen, man sieht also beispielsweise, welche Bedeutung eine Seite im Vergleich zu anderen Internetseiten hat. Auch hier finden sich Kontaktadressen, die mitunter genauer sind als die mit der Whois-Abfrage zu erzielenden Ergebnisse.

Dann gibt es noch das Gedächtnis des Internets, die Internetarchive oder Waybackmaschinen. Waybackmaschinen sind nützlich und störend zugleich. Das sind die Hüter der Zeit im Internet. Sie erstellen Abbilder von Websites zu einem bestimmten Datum und archivieren diese. Als Besucher kann man sich also ein Abbild einer Internetseite des Tages, an welchen dieses Programm zu Besuch war, ansehen. Wann genau und ob überhaupt eine bestimmte Website abgebildet worden, ist unbekannt. Schließlich ist das Internet riesig groß, und die Waybackmaschinen sind nicht sehr zahlreich.

Falls Sie allerdings Glück haben, finden Sie jedoch wichtige Hinweise zum Eigentümer einer Website. Denn es ist, auch wenn eine Seite heute als Diffamierungsplattform den Inhaber versteckt, nicht gesagt, dass das immer so gewesen ist. Zwar ist es auch möglich, dass eine Domain inzwischen verkauft worden ist, aber eventuell weiß der Vorbesitzer ja noch, an wen. So habe ich einmal herausgefunden, dass eine selbstgerechte Plattform zur Diffamierung von vermeintlichen Betrügern im Jahr 2001 noch illegale Passworte von Sexangeboten im Internet kostenlos angeboten hat. Schlecht an der Sache mit den Archiven ist natürlich, dass eventuell eine gegen Sie gerichtete Diffamierung hier ebenfalls gespeichert werden kann. Allerdings sollten solche Inhalte auch zu löschen sein. Waybackmaschinen sind beispielsweise unter archive.org und waybackmachine.org zu erreichen.

Kapitel 7 Verdrängung von Suchmaschinenergebnissen

Die Keywords: Eva und Adam

Am Anfang waren Eva und Adam, und mit diesem Kapitel endet auch dieses Buch. Für mich übrigens nicht, ich muss vermutlich noch einmal alles zur Korrektur lesen. Danach müssen Conny, Sarah und Armin noch einmal dran glauben. Diese Personen kennen Sie möglicherweise nicht, aber ich. Diese lesen mit wachsender Freude das Buch wieder und wieder, damit sich keine Fehler einschleichen. Das empfehle ich Ihnen übrigens auch. Lesen Sie das Buch erneut, denn Wiederholungen prägen sich ein. Ganz wie negative Suchmaschinenergebnisse.

Zurück zu Eva und Adam. Wenn Ihre Suchmaschinenvita im Internet nicht Ihren Vorstellungen entspricht, etwa, weil sich bestimmte negative Inhalte als hartnäckig erweisen, da kein oder nur abwehrender Kontakt mit dem Betreiber der Website oder des Forums zustande kommt und auch der Rechtsanwalt keine Chance sieht, da der Server in Guatemala steht (nichts gegen Guatemala, es ist nur sehr weit weg, betrachtet aus Sicht der Deutschen Rechtsprechung zum Schutz der Allgemeinen Persönlichkeitsrechte), dann kann man selbst dafür sorgen, dass diese Einträge durch positive Darstellungen verdrängt werden.

Legen wir los. Kommen wir zu Eva und Adam. Sie wundern sich bestimmt, warum hier nicht Adam und Eva steht, denn schließlich wurden sie doch in der Bibel immer in dieser Reihenfolge genannt. Ich jedoch schreibe sie, so, wie man das heute normalerweise machen würde, wenn man die gesellschaftliche Entwicklung berücksichtigt. Das mache ich deshalb, damit Sie sehen, dass es ein Unterschied ist, ob man nun Adam und Eva, Adam & Eva, Eva und Adam oder Eva & Adam in den Suchmaschinenschacht eintippt. Alle Eingaben erzeugen unterschiedliche Ergebnisse.

Warum ist das so?

Es ist mehr oder weniger bekannt, dass sich die Parameter, nach welchen die Suchmaschinen die Ergebnisse auswählen und mit Priorität versehen, häufig verändern. Falls Ihnen das nicht bekannt war, dann ist es das jetzt, und ich begründe das auch gerne. Gerade Suchmaschinen gehen Trends nach, um die besten Ergebnisse liefern zu können. Sie analysieren also dauernd, welche Eingaben zu welchen Ergebnissen führen, und wie das durch die Benutzer aufgenommen wird. Suchmaschinen sind nicht intelligent, sie arbeiten mittels Programmen, die eine bestimmte Ergebnisliste aufgrund von vielen Merkmalen produzieren. Es gibt noch einen weiteren Grund, warum sich die Ergebnislisten zu bestimmten Suchbegriffen häufig ändern. Die Betreiber möchten und müssen Missbrauch vorbeugen.

Das wäre der Fall, wenn etwa Firmen genau wüssten, welche Keywords, ein überaus wichtiger Begriff, den Sie sich merken müssen, zu welchen Ergebnissen führen und warum. Dann wäre die Folge, dass Sie, wenn Sie eine Suchmaschine nutzen, immer Werbung als Ergebnis erhalten würden. Da Suchmaschinendienste sich über bezahlte Werbung finanzieren (das sind die Einblendungen rund um die Ergebnisliste), und das gar nicht mal schlecht, können sie nicht zulassen, dass die Ergebnisse ebenfalls aus Werbung bestehen. Also werden die Gründe, warum eine Seite zu bestimmten Suchbegriffen nun ganz oben steht, geheim gehalten. Und so werden auch Suchbegriffe, die sich sehr ähnlich sehen, fast immer unterschiedliche Ergebnisse produzieren, weil unterschiedliche Auswertungen erfolgen.

Suchbegriffe sind Keywords, also Schlüsselworte. Wenn Sie etwa ein günstiges Flachbildfernsehgerät suchen und in München wohnen, dann sind Ihre Suchanfragen sicher wie nachstehend mit Keywords versehen: „fernseher münchen günstig", „fernsehgerät münchen günstig" oder „fernsehgerät München billig". Oder „fernseher angebot münchen".

Varianten gibt es genug, und Sie werden feststellen, dass jeweils andere Websites mit Angeboten in der Ergebnisliste oben stehen. Genau wie bei Eva und Adam.

Jetzt zurück zur Verdrängung negativer Suchmaschinenergebnisse. Wir müssen genau ermitteln, welche Keywords wir verdrängen müssen. Was genau muss man in die Suchmaschine eingeben, um das negative Ergebnis zu erhalten? „Familie Meyer" oder „Familie Meyer aus Gütersloh"? Oder Ihren Firmennamen? Diese Worte in der richtigen Reihenfolge spielen eine zentrale Rolle für das weitere Vorgehen. Legen Sie fest, ob „Adam und Eva" oder „Eva und Adam" verdrängt werden sollen.

Am Anfang steht die E-Mail

Es sind nun einige Vorbereitungen nötig, ehe wir beginnen können, neue Einträge zu produzieren, um die alten Einträge zu verdrängen. Die Keywords haben wir festgelegt. Jetzt führen wir eine handfeste Suchmaschinenoptimierung durch. Wir möchten eigene Einträge produzieren, welche die negativen Ergebnisse verdrängen. Ich stelle die nachstehende Vorgehensweise so vor, als würden Sie eine Internetseite besitzen. Das wäre der Königsweg zur Verdrängung der negativen Suchmaschinenergebnisse mittels der Keywords. Falls Sie über keine Website verfügen, sind die folgenden Schritte dennoch hilfreich. Auch ohne Website können wir einiges gemeinsam verbessern.

Die wichtigste Vorbereitung unserer Arbeit ist nun, ein Konto samt E-Mail bei Google oder einem anderen Suchmaschinendienst, welcher ein solches Angebot vorhält, zu erstellen. Danach steht uns eine E-Mailadresse zur freien Verfügung, die wir aus mehreren Gründen für die weitere Bearbeitung der Einträge im Internet benötigen. Diese E-Mailadresse können wir beispielsweise für die Korrespondenz zur Bekanntmachung unserer Beiträge im Internet benutzen.

Hierzu sind oft Anmeldungen in verschiedenen Foren oder Sozialen Netzwerken erforderlich, welche jeweils eigene Passworte und Mitgliedsnamen erfordern. Da Google die E-Mailkonten derzeit nicht nach Ablauf einer gewissen Zeit löscht, können auch nach Jahren noch Veränderungen in bestimmten Portalen vorgenommen werden. Wir werden also nicht nur Einträge erzeugen, mit welchen wir Negatives verdrängen, wir werden auch so vorgehen, dass wir unsere eigenen Einträge weitgehend kontrollieren können. Eine Vorgehensweise, die ich übrigens bei der Optimierung von Suchmaschinenergebnissen für Unternehmen immer empfehle. Eine E-Mailadresse bei Google.de hat noch weitere Vorteile, denn es lassen sich zusätzliche Dienste zur Promotion und zur Überwachung der Internetseite zuschalten. So können weitere Werkzeuge genutzt werden, etwa ein nützlicher Googlemaps-Eintrag für Ihr Unternehmen.

Am besten beginnt man mit der Erstellung eines Google.de E-Mailkontos. Mittels des Google-Mail-Kontos können weitere Dienste ausgewählt werden. Die Google-Kontoeinstellungen sind die . Schaltzentrale.

Es gibt hier die Möglichkeit zur Nutzung der Webmastertools, des Google-Mapsdienstes und weiteres mehr. Die Webmastertools sind übrigens nicht von vorneherein im Google-Konto voreingestellt. Man muss sie erst suchen, am besten mit Google, und dann durch anklicken aktivieren.

Indirekte Strategie: Die Nutzung der eigenen Website

Um die Webmastertools zu nutzen, sollte man schon eine Website besitzen, sonst hat dieses Zusatzprogramme nicht viel Sinn für Sie. So finden Sie hier Auswertungen zum Besucherverhalten, Keywords, mittels welchen Ihre Seite aufgerufen worden ist, und Sie können Änderungsmeldungen Ihrer eigenen Website direkt bei Google.de zur beschleunigten Bearbeitung anmelden, um nur einige zu nennen.

Falls Sie nun doch Lust erhalten haben, eine eigene Website zu erstellen, dann können Sie das heute ganz einfach. Es gibt Baukastensysteme, die Ihnen viel Arbeit abnehmen, und die auch eine Anleitung zur Erstellung beinhalten. Als Eigentümer einer Internetseite haben Sie einige Möglichkeiten mehr, negative Ergebnisse zu verdrängen, wie ich schon erwähnt habe. Allerdings muss auch diese gepflegt sein, denn kaum etwas ist für den Kunden unbefriedigender, als nach Informationen zu seinem Produkt zu suchen und die Website des Herstellers zu gelangen, nur um festzustellen, dass hier seit Jahren keine Aktualisierung mehr vorgenommen worden ist. Bunt flatternd begrüßt sie uns mit animierten Bildern, wie es zuletzt Anfang 2000 üblich gewesen ist. Ein solcher Firmenauftritt, aber auch Privatauftritt einer Familie, zeigt deutlich, dass die Bedeutung des Internet noch nicht erkannt worden ist. Entsprechend niedrig ist auch die Gewichtung, welche die Suchmaschinen einer solchen Seite im Internet geben. Einfach auch deshalb, weil kaum jemand eine solche Website verlinken wird. Links sind immer noch das Alpha und das Omega der Suchmaschinenergebnisse.

Man kann sagen, dass, je mehr Links auf eine Seite zeigen, umso bedeutender wird sie eingeschätzt. Es nutzt also nichts, wenn Sie alle möglichen Links auf Ihrer Website anbieten. Ihre Website muss verlinkt werden, und zwar durch Dritte. Aber zuerst einmal muss sie flott gemacht werden. Erneuern Sie die Informationen, falls erforderlich, sehen Sie sich andere Websites an, und prüfen Sie, ob Ihr Auftritt geeignet ist oder eher unprofessionell wirkt.

Wenn der Auftritt stimmt, sollten die Inhalte festgelegt werden. Was will ich sagen, und warum soll jemand meine Website besuchen? Erstellen Sie sich eine Strategie, am besten mit Papier und Bleistift. Veröffentlichen Sie keine Baustellenschilder, Baustellen sind Zeitverschwendung für Ihre Besucher und verärgern diese. Ganz wichtig ist dann, auf dem Webauftritt möglichst keine Schreibfehler zu machen.

Sie möchten doch beispielsweise als Steuerberater gefunden werden, und nicht als Steuerbrater?
Oder als Familienvater, nicht als Familienfater? Beide Begriffe können Sie ja mal googeln, mal sehen, was Sie finden. Ich weiß es bereits.

Jetzt kommt das Wichtigste. Wir optimieren jetzt die Keywords. Was genau soll verdrängt werden? Sie haben die Begriffe bereits ausgemacht, und nun müssen diese auch auf der Internetseite herausgestellt werden. Ganz fantastisch macht sich eine Domain, welche die Keywords bereits im Namen beinhaltet. Wenn also zu den Suchbegriffen „familie schmitz Berlin" an erster Stelle innerhalb einer Suchmaschine zu finden wäre, dass der Familienvater im ICE auf der Toilette geraucht habe, und wir dieses Ergebnis verdrängen wollen, dann würde sich eine Domain empfehlen, welche die Begriffe „familie schmitz berlin" enthält. Auch im Text auf der Startseite sollten die Begriffe möglichst häufig vorkommen. Vermeiden Sie jedoch Suchmaschinenspam. Hierbei werden auf der Website immer dieselben Worte ohne Kontext gespamt, also wiederholt. Spammen ist die sinnlose Wiederholung von Begriffen. Spammen ist eigentlich keine gute Idee, die Konkurrenz bei den Suchbegriffen ist groß, und wenn eine Suchmaschine auf solche Methoden aufmerksam wird oder gemacht wird, dann wertet diese das als unfaires Verhalten und straft die entsprechende Website ab, indem sie diese auf hintere Plätze oder ganz von ihren Speichern verbannt. Man spricht bei der Bestrafung von Webseiten durch Suchmaschinen mittels der Positionierung an hintere Seiten von einem sogenannten "Penalty". Seien Sie also kreativ, und erwähnen Sie mehrfach die Keywords, ohne jedoch allzu sehr aufzufallen. Lassen Sie die Texte am besten gegenlesen.

Ich gebe ein Beispiel, wie die Startseite, also die erste Seite des Internetauftritts der Familie Schmitz, aussehen könnte, ohne in Gefahr zu geraten, ausradiert zu werden:

Willkommen auf der Website der Familie Schmitz aus Berlin. Die Familie Schmitz aus Berlin, das sind wir, freut sich über Ihren Besuch auf unserer Website. Der Webmaster und Vater Hans Schmitz lädt Sie ein, die Familie Schmitz näher kennenzulernen. In der Navigation finden Sie folgende Bereiche: Hobbys der Familie Schmitz, Bilder der Familie Schmitz, Wohnort der Familie Schmitz in Berlin.

Das selbe gilt im Prinzip auch für Firmen. Wenn Sie als Zahnarzt nur negative Ergebnisse zu Ihrem Namen vorfinden, etwa, weil Sie häufig negativ bewertet worden sind, dann erstellen Sie eine Website, in welcher Ihr Name relativ oft vorkommt.

Wenn unsere Website nun fertig ist, muss sie bei den Suchmaschinen angemeldet werden, damit sie auch gefunden wird. Zwar behaupten viele Suchmaschinendienste, jede Website eines Tages zu finden, aber bedeutend schneller geht es mittels einer aktiven Anmeldung. Die meisten Anmeldungen lassen sich ganz einfach durchführen. Geben Sie einfach die Begriffskette "add url" in den Suchmaschinenschacht. Schon finden Sie eine Reihe von Suchmaschinenseiten, auf welchen Sie Ihre Website anmelden können. Nutzen Sie das Google.de E-Mailkonto zur Bestätigung Ihrer Daten. Erstellen Sie sich hierzu einen Ordner „Suchmaschinen" im Google-Mail-Account, um die E-Mails dort abzulegen. Jetzt folgen die Kniffe, damit die Website auch gefunden wird. Falls Sie gerade versuchen, das Buch als Einschlafhilfe zu nutzen, dann legen Sie es zur Seite. Denn der folgende Abschnitt ist knallvoll mit wichtigen Tipps und wird Sie aufrütteln, und Sie werden endlich wissen, warum welche Websites in der Trefferliste oben stehen und warum andere nicht oder kaum zu finden sind.

Kniffe zur Positionierung in der Ergebnisliste von Suchmaschinen

Melden Sie Ihre Internetseite nun in verschiedenen Suchmaschinen an. Empfehlenswert sind auch dominante Suchmaschinen im Ausland, etwa yandex.ru aus Russland oder baidu.com aus China. Sie müssen dort eigentlich nur Ihre Internetseite eintragen, und schon kommen die Suchmaschinenprogramme und tragen Ihre Informationen heimwärts. Nutzen Sie auch andere Anbieter von Suchmaschinen in Deutschland, auch, wenn Sie oftmals eine eigene Mitgliedschaft erstellen müssen. Vermeiden Sie, Programme zu nutzen, die Sie automatisiert anmelden. Denn häufig kommt keine Rückmeldung, und falls Sie sich erneut bei einer Suchmaschine anmelden, kann dies durchaus als Spam gewertet werden. Möglicherweise wird Ihre Anmeldung dann ignoriert. Zumeist sollte zwischen zwei Anmeldungen bei der selben Suchmaschine etwa eine Woche vergehen. Suchmaschinen haben übrigens einen Vorteil, der daraus besteht, dass Sie Ihre Website nicht beschreiben müssen. Suchmaschinen holen sich die Beschreibung direkt von der Website selbst. Da wir diese bereits mit Keywords ausgestattet haben, sind entsprechende Begriffe, die wir in den Ergebnislisten weit oben sehen möchten, bereits gemeldet. Jetzt müssen wir die Suchmaschine dazu bringen, unsere Website auch entsprechend zu gewichten. Wir betreiben nun einen Linkaufbau. Hierzu erzeugen wir Links auf unsere Website, die ja bekanntermaßen durch die Suchmaschinen zur Bewertung unseres Internetauftritts herangezogen werden. Und das sowohl in der Anzahl als auch in der Qualität. Viele solcher Links kann man selbst erstellen, wenn man sich in Webverzeichnisse einträgt. Solche Einträge sind nicht etwa von Suchmaschinen geächtet, sondern werden als Verlinkungen gewertet.

Webverzeichnisse, auch genannt Webkataloge oder Webportale sind Sammlungen von Internetseiten entweder zu bestimmten Themen oder allgemein gehalten.

Dann sind sie aber auf jeden Fall in Kategorien unterteilt. Es gibt sehr viele dieser Verzeichnisse, und es gibt Websites, welche diese Verzeichnisse aufführen und sogar bewerten. So sind einige sehr anerkannt, andere Verzeichnisse haben kaum Bedeutung. Das liegt vermutlich an der Beschreibung wie auch der Aktivität des jeweiligen Verzeichnisses und der Qualität der aufgenommenen Websites. Einigen solcher Verzeichnisse, etwa dem ODP, dem eigentlich größten, international agierenden Verzeichnis, das durch Menschen erstellt und gepflegt wird, ist durch Suchmaschinen eine sehr hohe Relevanz zugeordnet. Das liegt nicht zuletzt daran, dass sich viele Websites, die ebenfalls Verzeichnisse anbieten, sich der Daten oder Teile der Daten des OPD bedienen und so neue Verlinkungen erzeugt werden. Es gibt im ODP auch die Möglichkeit, private Homepages einzutragen. Sie sollten die dort tätigen Editoren nicht wiederholt nach dem Status der Bearbeitung fragen, denn die Anfragen dort sind enorm hoch, und die Menschen dort arbeiten ehrenamtlich. Suchen Sie sich also besser mehrere Verzeichnisse. Hilfreich ist es, anzusehen, welche Websites im Internet welche Verzeichnisse nutzen. Die besten Kataloge sind die, welche in der Ergebnisliste oben stehen. Webverzeichnisse haben übrigens eine Besonderheit, wenn sie wirkliche Bedeutung haben. Sie werden meist redaktionell betreut. Es sitzt also ein Mensch am Computer und begutachtet die Beschreibung der Website zu Ihrem Unternehmen. Jetzt kommt das Wichtigste, das man bei den Eintragungen in solche Verzeichnisse beachten muss. Eigentlich möchte der Redakteur gar keine ausufernde Firmenbeschreibung oder eine Darstellung der Familie. Er möchte eine Beschreibung der Website. Was genau findest sich auf dem Internetauftritt?

Beispiel: Der Internetauftritt des Fachgeschäfts für Bademoden aus Hamburg bietet eine Produktübersicht, eine Einkaufsmöglichkeit, eine Kontaktmöglichkeit und ein Impressum. Zudem wird das Verkaufspersonal vorgestellt.

Ein solche Beschreibung lässt dem Redakteur vermutlich die Freudentränen ins Gesicht laufen, denn Ihr Antrag mit dieser Beschreibung wird aus den anderen Anträgen, die glorreich die Firma oder Familie selbst anstelle des Webauftritts beschreiben, leuchtend wie Sommertag herausragen. Sie kommen einfach daher und machen die Arbeit des Redakteurs, denn Sie haben alles so geschrieben, wie er es auch gemacht hätte.

Damit das oft funktioniert und Sie sich Arbeit ersparen, speichern Sie den Text Ihrer Beschreibung, und kopieren Sie diesen Text. Wandeln Sie diesen dann ab, erstellen Sie Dutzende von Beschreibungen Ihrer Website, welche Sie in einer Word-Datei ablegen. Diese Texte lassen sich auch kombinieren. Wichtig ist es, nicht die selben Texte zweimal zu verwenden, damit die Verlinkungen zu Ihrem Auftritt im Internet nicht alle gleich sind und daher wie Spameinträge wirken. Ich gehe erfahrungsgemäß davon aus, dass etwa 200 E-Mails für die reine Anmeldung zu Webverzeichnissen in Ihrem E-Mailkonto erst einmal ausreichen. Inbegriffen sind zwar auch die Antwortmails, aber Sie sehen, dass Suchmaschinenoptimierung harte Arbeit ist. Achten Sie zudem darauf, auch nach Wochen und Monaten weitere Links zu Ihrem Webauftritt zu produzieren, um ein entsprechend natürliches Wachstum der Verlinkungen zu simulieren. Nutzen Sie vor allem qualitativ hochwertige Verzeichnisse, wie bereits beschrieben. Sehen Sie sich die Konkurrenz an. Wo haben die ihren Internetauftritt eingetragen, warum stehen diese höher in den Ergebnissen als Sie? Etwa die Website, welche Sie diffamiert? Wo hat diese sich eingetragen? Mittels verschiedener Beschreibungen dürften Sie ohnehin die Nase vorn haben, aber möglicherweise findet sich noch der eine oder andere lohnenswerte Katalog. Sollten sich im Laufe der Jahre wichtige Daten ändern, können sie in den allermeisten Fällen Änderungen selbst durchführen, nachdem der Redakteur einmal Ihre Website freigegeben hat. So können Sie Ihren Auftritt immer auf dem neuesten Stand halten.
Die Erzeugung thematisch passender Links ist eine weitere wichtige Option, um die eigene Website relevanter für

Suchmaschinenergebnisse zu machen. Suchen Sie sich ähnliche Websites, die das selbe Thema haben, und verlinken Sie sich gegenseitig. Das ist für beide Seiten vorteilhaft. Wenn Sie kein Thema haben, sondern nur ein paar Informationen zur Familie veröffentlichen, damit ein negativer Suchbegriff verdrängt wird, dann suchen Sie sich andere Website, die ebenfalls nur die Familie beschreiben, und gründen Sie ein Netzwerk solcher Seiten.

Schaffen Sie eine übergeordnete Website, die ebenfalls bekannt gemacht werden kann. Bieten Sie Banner an, die man verlinken kann, und präsentieren Sie Ihre Internetseite auch in Foren, etwa durch Verlinkung in einer Signatur. Beherzigen Sie bei der Veröffentlichung von Informationen die anderen Informationen in diesem Buch, teilen Sie nur Informationen mit, die Sie in einem lockeren Gespräch auch Dritten gegenüber persönlich ausplaudern würden.

Gut wirkt sich derzeit auch ein Eintrag im Katalog list-of-companies.org aus. Der Eintrag wird in Englisch erstellt und muss mindestens 500 Zeichen beinhalten. Er wird jedoch nach redaktioneller Veröffentlichung automatisiert in viele andere Sprachen übersetzt. Das sind dann eine Menge neuer Links in verschiedenen Sprachen. Über die Qualität der Übersetzung lässt sich allerdings streiten.

Ein Eintrag im Website-Wiki lohnt sich ebenfalls. Das Website-Wiki ist ein Wikipedia, welches Internetseiten beschreibt, eine vorhergehende Anmeldung ist erforderlich. Danach können Sie Ihre Internetseite eintragen und großzügig beschreiben. Zudem können Keywords festgelegt werden, auch die Technologie der Website, etwa das Programm, mittels welcher diese erstellt worden ist, wird automatisch ausgelesen und dargestellt.

Ebenfalls gute Ergebnisse bringen die Einträge in die Verzeichnisse die-kraehe.de, branchen-domain.de, suchnase.de, robotinho.de, linkmoney.de oder partnerseiten24.de. Es handelt sich hier um sehr wichtige Verzeichnisse, die Anmeldung sollte daher sehr sorgsam erfolgen und vernünftige Inhalte anbieten.

Je nachdem, wie alt dieses Buch zum Zeitpunkt ist, an welchem Sie es lesen, mag es andere Websites geben. Schauen Sie doch einfach, wo Websites, die ziemlich hoch in den Ergebnissen stehen, Eintragungen erhalten haben.

Domain-Bewertungsseiten sind derzeit sehr stark im „Kommen". Diese erzeugen nach Eingabe der Adresse eine Analyse zur Website, die zugleich gespeichert wird. Schon haben Sie einen wichtigen Link, der auf Ihre Website verweist und garantiert einzigartig ist. Als Beispiel seien hier die Websites websitetrafficspy.com, 9722.com, statsmogul.com oder peekstats.com genannt.

Einträge in regionale Verzeichnisse, etwa auf der Homepage der örtlichen Industrie-und Handelskammer oder der städtischen Website, sind ebenfalls positiv bewertet. Das gilt auch für Adressverzeichnisse zu Branchen oder Telefonnummern, die sich im Internet häufig finden. Meist reicht der Eintrag im Telefonbuch, der ja auch Online möglich ist, um auf vielfältige Art und Weise gefunden zu werden. Die Adressen werden nämlich bei Einverständnis innerhalb der Verzeichnisse weitergegeben. Achten Sie darauf, die Keywords zu verwenden.

Zum Thema Links auf anderen Websites kaufen kann ich weder sagen, es sei gut für den Platz in der Ergebnisliste, noch, es sei schlecht. Es ist halt schwer zu ermitteln, ob Links gekauft oder gesetzt werden, auch für Suchmaschinendienste. Ich persönlich halte es für rausgeworfenes Geld, und aus sportlichen Gründen zur Suchmaschinenoptimierung für unfair. Sie haben sich dieses Buch gekauft, das sollte als finanzieller Aufwand eigentlich ausreichen.

Direkte Strategie: Soziale Netzwerke, Newsletter und Co.

So, ab hier geht es auch ohne eigene Internetseite weiter, denn wir befassen uns nun mit den Möglichkeiten, Spuren im Internet zu hinterlassen, die direkt in Suchmaschinen angezeigt werden. Selbstverständlich können auch Websites und Soziale Netzwerke kombiniert werden, das erhöht die Relevanz noch einmal deutlich. Denn die Bedeutung von Websites für Suchmaschinen und damit einhergehend der Platz in den Suchmaschinenergebnissen hängt nicht zuletzt vom zu ermittelnden Informationsgehalt ab. Eine einfache Visitenkarte eines Unternehmens oder einer Familienseite wird im Laufe der Zeit an Bedeutung verlieren. Man muss sich wohl oder übel damit abfinden, dass Neuigkeiten in Sozialen Netzwerken den Rang innerhalb der Trefferlisten der Suchdienste verstärken. Im Gegenzug bedeutet das, dass die einfache Erstellung eines Internetauftritts nicht ausreicht, um dauerhaft erfolgreich positioniert zu sein. Wer dauernd Neuigkeiten verbreitet, wird sicher auch seine potentiellen Kunden oder Besucher an den eigenen Produkten bzw. Informationen vermutlich mehr interessieren können, als Anbieter, die sich kaum rühren. Anschaulich stellen sich immer große Unternehmen wie etwa Verlage im Internet dar.

Die Mitarbeiter dort haben meist ein Gespür für Marketing. Hier kann man sich manches abschauen, denn diese Firmen sind immer am Puls der Zeit. Sie verfügen meist über Mitgliedschaften bei Twitter und Facebook, und dort veröffentlichen sie regelmäßig Neuigkeiten. So sollten Sie auch vorgehen. Erstellen Sie Mitgliedschaften in den beiden Netzwerken, und erstellen Sie sich unterstützende Einträge, um die negativen Ergebnisse zu verdrängen. Hier kann man sein Unternehmen oder seine Familie beschreiben, Neuigkeiten veröffentlichen und gleichgesinnte Unternehmen oder Kunden interessieren. Ebenfalls besteht die Möglichkeit, Bilder zu veröffentlichen, die dann im Dateinamen ebenfalls im besten Fall die Keywords enthalten, die zu verdrängen sind.

Falls keine eigene Website besteht, dann sollten die Keywords, falls möglich, im Mitgliedsnamen enthalten sein. Auch in der Beschreibung beziehungsweise im Profil sind sie hilfreich, denn sie werden dort gefunden und bewertet.

Allerdings müssen Sie Ihre Mitgliedschaft so einstellen, dass sie öffentlich zu sehen ist, also auch in Suchmaschinen.
Als nächstes möchte ich Ihnen den Newsletter angedeihen. Ein Newsletter ist im Grunde eine mehr oder weniger gelungene Ansammlung von Nachrichten, welche ein bestimmte Zielgruppe anspricht und zu Werbezwecken versendet wird. Meist wird die Zielgruppe jedoch nicht getroffen, und auch der Veröffentlichungsrhythmus ist meist so ausgerichtet, dass man den Eindruck hat, eher eine Abendzeitung als einen Newsletter abonniert zu haben. Es gibt keinen Grund, nicht selbst einen Newsletter zu nutzen, denn im Grunde gibt es auch kein Regelwerk, welches die Inhalte vorschreibt.
Ob Sie nun eine Firma oder eine Familie innehaben oder nur die eigenen Interessen vertreten, einen Newsletter können Sie jederzeit erstellen. Denn es bleibt ja dem Nutzer überlassen, ob er ihn liest oder abonniert. Der Begriff Newsletter ist derzeit zumeist positiv behaftet, denn der klassische Newsletter ist umsonst, und oft beinhaltet er nützliche Informationen. Viele Firmen versenden diese Newsletter, sie verkürzen die Zeit der möglicherweise gelangweilten Empfängern in Büros von Kuala Lumpur bis Berchtesgaden, lesen sich amüsant bis abwechslungsreich und sind teilweise sogar schriftstellerisch wertvoll. Oft werden sie ungefragt versendet, und kaum jemand, der im Büro tätig ist, hat nicht einen oder zwei dieser Magazine wöchentlich im virtuellen Briefkasten.

Es wimmelt im Web also von Newslettern. Erstellen Sie doch auch einen solchen Newsletter. Veröffentlichen Sie Neuigkeiten zu Ihrem Unternehmen, Neuigkeiten zu Ihrer Familie und verwenden Sie die Keywords.

Schreiben Sie eine trockene Darstellung, aber seien Sie auch nicht zu vertraulich. Rechnen Sie damit, dass Ihre Newsletter durch Dritte weitergeleitet oder veröffentlicht werden. Erstellen Sie den Newsletter im PDF-Format, Programme zur Umwandlung von Word-Dateien in das PDF-Format finden sich im Web kostenlos. Achten Sie darauf, dass eine Texterkennung für Suchmaschinen integriert ist (OCR).

Beschaffen Sie sich, falls Sie keinen Speicherplatz im Internet haben, eine kostenlose Mitgliedschaft in einer Plattform, in welcher Sie Daten veröffentlichen oder speichern dürfen. Speichern Sie den Newsletter dort, nutzen Sie dann die erstellten Mitgliedschaften bei Twitter und Facebook, um den Newsletter zu verlinken. Suchmaschinen geben meiner Erfahrung nach PDF-Dateien eine relativ hohe Bedeutung, ebenso Präsentationen im MS-Office Format PPS (Powerpoint). Über die Ursache lässt sich rätseln, die Suchmaschinenbetreiber lassen sich nicht in die Karten sehen. Dateien im PDF-Format lassen sich nicht so schnell ändern, das könnte ein Grund sein. Wer etwas im PDF-Format zu sagen hat, der steht quasi auch dazu. Power-Point wird gerne verwendet, um einer Gruppe von Personen ein Thema einfach näher zu bringen, die meisten Vorträge werden in diesem Format unterstützt. Auch hier könnte die Idee der Suchmaschinenbetreiber sein, dieses Format hoch zu bewerten, dass kaum jemand schlecht vorbereitet solche Präsentationen hält, und zudem werden meist die wichtigsten Inhalte in Kurzform zusammengefasst. Sie sollen also entsprechend nützlich sein. Das sind allerdings nur meine Theorien, die Wahrheit kann anders aussehen. Verwenden Sie im Namen und in den Texten der selbst erstellten Dokumente ebenfalls Ihre Keywords.
Ich will hier ein Beispiel anführen.

Zur Suche nach Familie Schmitz ist immer noch ab oberster Stelle zu finden, dass Herr Schmitz im Intercity Express heimlich auf der Toilette rauchte.

Herr Schmitz erstellt eine Mitgliedschaft bei Twitter.com, die Familie_Schmitz heißt. Hier wird ein Newsletter veröffentlicht. Der Newsletter hat den Namen „Familie Schmitz Berlin.pdf". Er beinhaltet viele Informationen zu Herrn Schmitz und wird auf der Website Mister Wong im dortigen Dokumentenmanagement veröffentlicht. Der Link zu diesem Dokument wird bei Twitter hinausposaunt. Schon haben wir eine Mitgliedschaft und einen Newsletter, und die Keywords sind auch mehrfach vorhanden. Wichtig ist es, hier auch möglichst unauffällig zu agieren.

Falls Herr Schmitz ein Hobby hat, das sich interessant liest, so besteht hier überdies die Möglichkeit, interessante Einträge mittels der PDF-Dateien zu erzeugen. Hierzu eignen sich Anleitungen zu Reparaturen, Kochrezepte, Tipps zum Umgang mit Tieren, Hinweise zur Fahrradpflege, und was Ihnen sonst noch einfällt. Wichtig ist, dass es der Internetgemeinde einen Nutzen bringt und keine Rechte Dritter verletzt. Diese Veröffentlichungen dienen in einem solchen Fall nicht nur der Verdrängungen von negativen Suchmaschinenergebnisse auf die hinteren Ränge, die verhelfen auch zu einem besseren Leumund und lassen Zweifel an den Veröffentlichungen aufkommen, die gegen Sie gerichtet sind.

Erstellen Sie Ihren Newsletter oder Ihre Tippliste, verwenden Sie Ihre Keywords und gehen Sie die Sache in Ruhe an. Haben Sie zudem eine Doktorarbeit geschrieben oder sind aktiv in Presse, mit Vortragstätigkeit oder anderen Veröffentlichungen, etwa Büchern, ist es noch sehr viel einfacher, negative Spuren zu überschreiben.

Sofern man die Rechte daran hat, kann man solche Arbeiten nutzen, indem man sie wie beschrieben ebenfalls als Dateien der Internetgemeinde zur Verfügung stellt.

Zur Dateiveröffentlichung (auf Twitter selbst kann man keine Dokumente veröffentlichen) sollten Sie auch Dokumentveröffentlichungsdienste und Soziale Bookmarks, etwa Mister Wong und Favoriten.de, nutzen.

Mister Wong bietet seit Oktober 2010 beispielsweise die Möglichkeit, selbst erstellte Dokumente zu veröffentlichen, so auch Ihren Newsletter oder Ihre Kochtipps. Welche Dienste zum Zeitpunkt, zu welchem Sie diese Information lesen, gerade einen hohen Stellenwert innerhalb der Suchmaschinenergebnisse bedeutet, kann ich Ihnen nicht sagen. Vermutlich können Sie es durch Eingabe des Platzhalters Ihres Angebots wie auch den Begriffen News und .pdf. selbst herausfinden. Newsportale veröffentlichen nahezu alles. So werden oft ungeprüft in Presseportalen Nachrichten herausgegeben, die von der nächsten Gartenfeier bis zur Landtagswahl reichen.

Versuchen Sie, Ihre eigene Nachricht zu veröffentlichen, die Sie mit Ihren Keywords angereichert haben, nutzen Sie dazu Ihre selbst erstellten Neuigkeiten. Falls sie aufgrund der Wichtigkeit Ihrer Mitteilung zusätzlich die örtliche Presse für Ihr Unternehmen gewinnen können, sind ebenfalls gut wirksame Verlinkungen durch deren Portale im Internet möglich. Der Presse wird generell eine hohe Bedeutung zugeordnet, auch, wenn es sich um eine reine Internetpresse handelt. Berücksichtigen Sie aber, dass die meisten Presseberichte eher negativ sind, weil sich negative Ergebnisse besser vermarkten lassen, so dass das Thema schon relativ interessant sein sollte. Sie sehen, so schwierig ist das Ganze gar nicht.

Vernetzungen der Einträge

Wenn Sie nun mehrere Veröffentlichungen in mehreren Plattformen betreiben, dann bietet sich an, die immer häufiger vorhandenen Möglichkeiten der Vernetzung zu nutzen. So können Sie Ihre Veröffentlichung auf Mister Wong auch innerhalb von Twitter verlinken und dort als Neuigkeit beschreiben. Das Ganze wird dann noch in Facebook verlinkt, und zusätzlich wird ein Pressebericht zu einem ähnlichen Thema auf einem Newsportal angeboten. Dieser Eintrag kann nun erneut bei Twitter und Co angezeigt werden.

Wenn alle diese Veröffentlichungen Ihre Keywords enthalten, dann werden die Suchmaschinen vermutlich entsprechend reagieren, was dazu führt, dass die Bedeutung Ihrer Veröffentlichungen, also das Ranking in den Suchmaschinenergebnislisten, steigt. Verzetteln Sie sich aber nicht, und dokumentieren Sie mittels der erstellten E-Mail alle Aktivitäten. Eines Tages möchten Sie ja vielleicht alles wieder entfernen. Auch Google hat inzwischen einen Dienst, der es erlaubt, Bookmarks zu veröffentlichen. Natürlich kann man diese auch bewerten. Ähnlich dem „Gefällt mir" Button von Facebook kann man mittels des Accounts auch Bewertungen abgeben.

Diese Bewertungen nennen sich „Google+1". Inzwischen nutzen auch viele Websitebetreiber die Möglichkeit, sich mittels einem an ein Google-Konto geknüpftem Button bewerten zu lassen.

Viele der Sozialen Netzwerke lassen sich auch miteinander verknüpfen, so dass nur noch ein Login erforderlich ist.

Guten Erfolg für den erfolgreichen Internetauftritt bieten auch die kontrollierten Einträge innerhalb der Personensuchmaschine Yasni. Hier kann man eine Mitgliedschaft erstellen und die Websites, die zum eigenen Internetauftritt oder zur eigenen Person verweisen, auswählen, im Beispiel also unser kleines Netzwerk zu den erstellten Veröffentlichungen. Ebenfalls kann man Hinweise, die man zur Person nicht sehen möchte, abwählen. Auch das macht sich meines Erachtens derzeit gut für den Stellenwert der Keywords innerhalb der Suchmaschinenergebnisliste. Yasni bietet zudem die Möglichkeit, dass sich dort registrierte Personen bzw. Firmen jeweils die eigene Glaubwürdigkeit zu den vorhanden Links gegenseitig bestätigen können. Ob das nun als Manipulation abgetan werden mag oder nicht, eine positive Darstellung innerhalb von Yasni bietet jedenfalls gute Suchergebnisse. Pflegen Sie daher Ihren dortigen Webauftritt.

Ebenfalls sind Produktbewertungen klassisch prädestiniert, den eigenen Namen hervorzuheben. Beschreiben Sie wirklich nützlich und sinnvoll Produkte wie Bücher, Gardinen oder Lederlappen, die keine Rückschlüsse auf Ihr Leben zulassen, aber gerade im Trend sind. Verwenden Sie die Keywords ganz nebenbei, und veröffentlichen Sie diese Bewertungen dann wieder in Ihrem Netzwerk.

Altmodische Promotion

Eine andere, etwas aus der Mode gekommene Methode ist das Füllen von Gästebüchern mit Begriffen, in welchen die Keywords vorkommen. Besser sind noch Beiträge in Blogs. Oft kann man hier durch den frei wählbaren Nutzernamen Keywords erzeugen.

Ob diese Art der Promotion geeignet ist, müssen Sie selbst entscheiden. Beachten Sie, dass Sie Gästebucheinträge und Blogeinträge im Nachhinein nicht selbst löschen können. Auch geeignet sind Mitgliedschaften in Foren, welche sich mit durch Suchmaschinen priorisierten Produkten, etwa dem neuesten Handy-Betriebssystem, befassen.
Nutzen Sie auch hier bei der Erstellung der Mitgliedschaft Ihre Keywords, wenn Sie den Namen auswählen. Beiträge brauchen Sie nicht zu schreiben, die meisten Forenbetreiber freuen sich über neue Leser, auch wenn diese nicht aktiv werden.

Ich wünsche Ihnen viel Erfolg bei der Verdrängung negativer Suchmaschinenergebnisse. Sie wissen ja: Da muss doch was dran sein, wenn das da steht...

Anhang

Handlungsempfehlungen

Persönlicher Datenschutz ist eine wichtige Grundlage, um im Internet eine saubere Datenlage zu bewahren. Dies gilt für Personen wie für Unternehmen gleichermaßen. Nachstehend einige Hinweise, die Ihnen helfen sollen, entsprechend umsichtig vorzugehen.

Verkaufen Sie keine abgelegten Festplatten, Computer, Drucker, Fotoapparate, Videokameras, ohne sichergestellt zu haben, dass alle Daten, auch in den temporären Speichern, gelöscht worden sind. Beachten Sie, es gibt Programme, um Daten durch Dritte wieder herzustellen zu lassen. Verzichten Sie lieber auf das Geld, ehe Sie den Rest Ihres Lebens um Mitternacht besorgt zu Hause im Kreise laufen, weil Sie nicht wissen, was andere mit Ihren Daten treiben.

Zerstören Sie Festplatten und andere Datenträger vor der Entsorgung physikalisch. So verhindern Sie, dass diese nach der Entsorgung erneut verwendet werden, etwa, weil die Festplatten, aus welchen Gründen auch immer, eine wundersame Verlängerung des Produktlebenszyklus erfahren durften.

Setzen Sie die Daten Ihrer Kinder nicht leichtfertig ins Internet, nur um stolz das neue Familienmitglied zu präsentieren. Lassen Sie Ihr Kind beizeiten selbst entscheiden, ob es im Internet aktiv werden möchte oder nicht. Weisen Sie darauf hin, dass Bilder und/oder Beiträge, die mit dem richtigen Namen geschrieben worden sind, ggf. ein Leben lang halten.

Beaufsichtigen Sie die Aktivitäten Ihres Nachwuchses. Lehren Sie, dass persönliche Daten anderer Personen oder Firmennamen mit Respekt zu behandeln sind.

Setzen Sie keine persönlichen Daten zu Ehepartner, Großvater, Großmutter, Bruder, Schwester und Arbeitskollegen ungefragt ins Internet. Seien Sie auch mit Bildern vorsichtig. Gehen Sie grundsätzlich davon aus, dass Sie keine Zustimmung zu Veröffentlichung irgendwelcher Daten Dritter haben, bis diese Zustimmung tatsächlich vorliegt.

Schreiben Sie nicht leichtsinnig über andere oder veröffentlichen ohne deren Erlaubnis Bildmaterial. Es ist schnell publiziert, aber mitunter sehr schwer wieder zu entfernen. Gehen Sie davon aus, dass Forenbeiträge oder Leserbriefe, die von Zeitungen zumeist gleichzeitig in den Printmedien wie auch Online veröffentlicht werden, für viele Jahrzehnte zu sehen sind.

Nehmen Sie für Beiträge in Foren einen Benutzernamen, mittels dessen man nicht auf Sie schließen kann. Trennen Sie Forennamen und Ihren richtigen Namen.

Verwenden Sie eine E-Mail-Adresse in Foren, die Sie nicht für private oder geschäftliche Belange nutzen. Kostenlose E-Mail-Dienste gibt es reichlich.

Beachten Sie, dass bei Einträgen in Telefonbüchern auch die Adresse online veröffentlicht und weitergegeben wird, es sei denn, Sie schließen das vertraglich aus.

Wenn Sie, etwa in Sozialen Netzwerken wie Stayfriends, Ihren Namen dann doch veröffentlichen wollen, so bauen Sie einen Schreibfehler ein oder nehmen Sie Ihren früheren "Spitznamen". Niemand wird Ihnen Absicht nachweisen können. Und niemand wird Sie finden, wenn Sie dies nicht wollen.

Verhalten Sie sich anderen gegenüber so, wie Sie auch behandelt werden möchten. Lesen Sie die Nutzungsbedingungen und "Netiquetten" der Plattformen, in welchen Sie tätig werden.

Schreiben Sie freundlich, vergessen Sie niemals, dass am andere Ende der Internetleitung ebenfalls Menschen sitzen. Geben Sie niemals leichtfertig persönliche Daten oder Bilder heraus. Schon gar nicht an Personen, die Sie nicht persönlich kennen. Rechnen Sie in solchen Fällen immer mit einer nicht mit Ihnen abgestimmten Veröffentlichung.

Wenn Sie Aufzeichnungen wie Bilder oder Videos entdecken, in welchen Sie oder Bekannte zu sehen sind, dann ignorieren Sie das nicht, sondern werden Sie tätig. Gerade jetzt ist Zeit wichtig, da die Daten, je länger man wartet, per Filsharing auf umso mehr Computersysteme heruntergeladen werden können. Nehmen Sie Kontakt zu den Betreibern der Websites auf und bitten Sie um Löschung der Materialien.

Wenn Sie Beiträge oder Bilder von sich sehen, die Ihre Rechte verletzen, erstellen Sie Bildschirmfotos, um später die Nachforschungen unterstützen zu können. Achten Sie darauf, dass der Erstellungszeitpunkt der Beiträge sichtbar im Bild ist.
Halten Sie Ihren Namen oder den Ihres Unternehmens im Internet sauber, denn Suchmaschinen werden von Firmen oft bemüht, wenn es z.B. um eine Einstellung oder ein Geschäft geht.
Suchen Sie sich Unterstützung, wenn Sie die Situation überfordert.

Begriffserklärung

Account: Mitgliedschaft, welche Nutzernamen und Passwort beinhaltet. Beinhaltet meist Zugriff auf Inhalte oder Funktionen, welche standardmäßig nicht zur Verfügung stehen.

Chatroom: Im Browser oder mittels Software aufzurufende Möglichkeit, in Echtzeit Informationen mit anderen Nutzern auszutauschen.

Denic: Die DENIC eG ist die zentrale Registrierungsstelle für alle Domains unterhalb der Top Level Domain .de.

Domain: Individuelle Bezeichnung einer Adresse im Internet mittels des Dienstes DNS.

DNS: Domain Name System, setzt die Anfragen zu Domainnamen in IP-Adressen um.

E-Mail: Elektronische Mitteilung, über einen Dienst des Internets zu nutzen.

Internet: Bietet verschiedene Möglichkeiten, innerhalb eines dezentralen Netzwerkes tätig zu werden. Wichtige Dienste sind beispielsweise das worldwideweb, also die Internetseiten, und der E-Maildienst.

Filesharing: Dienst, welcher Speicherung, Teilung und Download von Dateien anbietet, zumeist anonyme Nutzung möglich.

IP-Adresse: Adresse im Internet. Diese wechselt oft den Benutzer, ist aber durch zeitliche Zuordnung immer einem Internetzugang zuzuordnen. Wie ein Nummernschild im Internet.

Keywords: Schlüsselworte, die man in eine Suchmaschine eingibt, um bestimmte Ergebnisse zu erzielen. Websites werden oft danach im Rahmen der Suchmaschinenoptimierung ausgerichtet.

Online-Marketing: Marketing im Internet mittels Werbung (Suchmaschinenmarketing) bzw. Suchmaschinenoptimierung.

Meta-Suchmaschine: Eine Suchmaschine, welche die Ergebnislisten anderer Suchmaschinen in Echtzeit durchsucht und in einer eigenen Liste ausgibt. Sie hält keine eigenen Festplatten vor.

Monitoring: Überwachung

Netiquette: Verhaltensregeln innerhalb von Foren oder Sozialen Netzwerken.

Personensuchmaschine: Eine Suchmaschine, die andere Suchmaschinen durchsucht. Bietet oft die Möglichkeit, personenbezogene Ergebnisse zu beeinflussen. Funktioniert theoretisch wie eine Metasuchmaschine.

Ranking: Rang einer Website innerhalb der Suchmaschinenergebnisliste zu bestimmten Schlüsselworten.

Screenshot: Aufnahme des Monitors, um Informationen zu sichern. Wird im Bildformat abgespeichert.

Soziales Netzwerk: In sich abgeschlossene Community bzw. Gemeinschaft, oft themenorientiert, mit der Möglichkeit, sozial zu interagieren. Liefert Ergebnisse an Suchmaschinen bei entsprechenden Einstellungen.

Suchmaschine: Bietet einen Dienst, der sicherstellen soll, dass der Nutzer innerhalb des worldwideweb die gewünschten Informationen geliefert werden. Die genauen Logarithmen zu den Positionen in der Suchmaschinenergebnisliste sind der Öffentlichkeit gegenüber unbekannt. Suchmaschinen halten eigene Festplatten mit Speicherbildern der Websites zu einem bestimmten Zeitpunkt vor, da sie das Internet nicht in Echtzeit durchsuchen können. Die Speicherbilder werden durch Programme, sogenannte Spider, Robots oder Crawler, erstellt.

Suchmaschinenoptimierung: Tätigkeit, um innerhalb von Suchmaschinen zu bestimmten Begriffen gefunden zu werden.

Wayback: Dienste, welche den Status von Websites zu bestimmten Zeitpunkten archivieren.

Whois.com: Der Whois-Dienst liefert Informationen über die Inhaber von IP-Adressen und Domain-Namen.

Ein besonderes Dankeschön geht an meine Testleser und Kritiker

Cornelia Stahl
Melanie Arzberger
Sarah Stahl
Armin Bertelmann
Wolfgang F. Weber

Es trifft immer dieselben.

Auf der Website http://www.internetwacht.de/ finden sich
unterstützende Daten, etwa ein Vordruck für die Erstellung eines
Lebenslaufs im Internet, einer Suchmaschinenvita.

Es wurde für die Erstellung dieses Buchs ein Bild der Münze "Die
Äbtissin von Zürich" aus dem Moneymuseum
(http://www.moneymuseum.com) in Zürich verwendet.